ちくま文庫

ちゃんと食べてる?

おいしさへの51の知恵

有元葉子

筑摩書房

もくじ

第2章　若さと元気をくれる私の好きな食材

第3章　調理法で心がけたいこと

写真　木村　拓
デザイン　高橋　良
構成・文　村上卿子

はじめに

なるべく若く、元気でいたいというのは、だれもが持つ共通の願いです。であれば、「人を元気にするのは、まず食べ物から」といえるでしょう。いうまでもなく人間の体は、その人が食べたもので作られているからです。

残念ながら今は本当に良質なものを選ぶのが簡単にいかなくなっているように思います。「良質なもの」は、「高価なもの」とけっしてイコールではありません。効率重視のあまり、大切な手間が省かれがちです。逆にきちんとしたものは、手間ひまがかかりコストが上がります。よいとわかっていても、高価だという理由であきらめてしまうこともあると思います。

流行のファッションや高価な化粧品は、見た目に磨きをかけるためにはけっして無駄ではないでしょうが、基本になる体の内側に磨きをかけることに、より多くの時間もお金も費したほうがよいかな、と思います。

体の中から元気で美しくなることが人生にとってどれだけすばらしいことか、これがいちばん大事だと私も実感しています。

数年前、イギリスの新聞の日曜版に「ヨーコはダイヤモンドは買わずに高い昆布を買う」と紹介されたことがあります。この二つを天秤にかけることはできませんが、ダイヤにはご縁のない私にとって、上質な昆布は、本当にダイヤモンド以上の宝物かもしれません。

私が愛用している食材はどれも健康によいからと使い始めたわけではありません。自分の舌で確認し、本当においしいからとか好きだからと使っているうちに、結局それはとても体によかったという結果があとからわかるという寸法です。

忙しい暮らしの中で、だしをとったり、マヨネーズを作るのは大変という方もいらっしゃるでしょう。そんなときでも、あっという間にできる自家製マヨネーズや、手軽にとれる本格だしなどを本書では紹介しています。

私たちが口にした食べ物とふだん目に見えない体の中の部分との深いつながりが、自然にわかる体になっていただきたいものです。

日々忙しくしている私ですが、いつも前向きにすごすことができるのは、良質の食べ物を味方につけ、楽しい毎日を送っているおかげだと思っています。

第1章 私がいつも大切にしていること

食生活というのは生活の一部にすぎないと軽く考えがちですが、食べたものによって体の調子は左右されるので、結局は生活全般にダイレクトにかかわってくるものです。

この章では食生活の中で、いつも心がけ、大切にしている基本的なことについてお話ししましょう。

建物でも基礎がしっかりしていないと全体がガタガタになるように、食生活でもまずこの部分をきちんと押さえておかないと食生活が崩れかねません。

料理のもとになる調味料やだし素材の選び方、朝昼晩の食事のとり方、食に対する心構えまで、いろいろお話ししたいと思いますが、これはあくまでも私個人の生活スタイルに合わせたやり方です。読んでくださったみなさんが、全体に流れる考え方を参考にして、ご自分なりのしっかりした基礎を築いていただければとてもうれしいです。

1

家での食事こそ本当のぜいたくです。上手に手作りしてぜいたくな時間を満喫してください。

食べたものが体の中でどのように活用されるか私たちの目には見えません。ですからその実際のところがどうであるかを意識しないで食事をとっていることが多いと思います。

「人間は、その人が食べたものでできている」とよく言われますが、まさにそのとおりです。たとえば、ポテトチップスやインスタントラーメンをいつも食べていると、「ポテトチップスやインスタントラーメンでできているんだわ」と思ってしまいます。たまに食べる程度ならまだしも、日常的に食べていて、血液から筋肉、頭脳まで、全部それが材料だなんて、コワイですよね。

そう思うと、自分の体は自分で選んだ食材や自分で作ったごはんでできていたいもの。家庭で作る食事は、そのときどきに食べたいなと思った食材を好みの味つけで食べられ、余分な添加物もとらなくてすみますから、とてもぜいたくなものといえるでしょう。

テイクアウトの料理やインスタントものがたくさん出回っていて、あえて自分で作らなくてもごはんができてしまうのが今の時代の暮らしですが、大切なのは「自分が食べるものは自分で作る」というごく当たり前のことを実行するだけなのです。

ごはんを自分で作るコツは、あまり完璧にやろうと思わないことです。そして、「そうならないためにしなければ……」というより、「これがおいしそうだから」と思えるものから始めればいいのです。実際、私も「おいしいごはんが食べたいなあ！」という気持ちだけでやっていることなのですから。

ごはんを自分で作るには、文字どおり、まずは「ご飯を炊く」ということ一つから始めてもいいのです。お米の種類をはじめ、厚手の鍋、土鍋、炊飯器といった炊く道具も選択肢はいろいろあるので、私のご飯はこれ、というものができてくると、食事作りそのものが楽しくなってきます。

自分で作って、こう作るとこんなにおいしいということがわかると、きちんとした素材の味に口が慣れ、買ってきて食べるものの量が次第に減るはず。

「自分の体が要求しているものを素直に食べる」、「おいしい素材をきちんと食べる」、これはとても大事。でもそれは本人の問題ですから自分でやるしかありません。

私は、大人になったら本来、自分の食事は自分で作るものであり、人にしてもらうことではないと思っています。自分でごはんを作ることを通じて世の中の多くのことが見えてくるようになり、それが本当の自立につながるからです。

とはいえ、最初から無理をすると長続きしないのも事実。いろいろな事情で三食きちんと手作りできなければ、まずは一食からでも始めましょう。最初の一年は「夕食だけはきちんと作ろう」とか、「お弁当は自分で作ろう」とか、「一週間に一度は自分で作ろう」でも大丈夫。それができるようになったら、次を考えればいいのですから。そうやってごはんを作ることに慣れてくると、手作りするのが苦ではなくなります。くり返しやっていると、意識しなくても自然に手が動いてきます。

私は男子にも料理をしてほしいと思います。十年くらいの長いスパンで考えればどなたでも、きっと上手にできるようになると思います。ひとりの人間として、男女の別なく自分で食べるものを自分で作れる人になること——それが本当の自立につながります。

料理を作ることによって、その楽しさや大変さ、重要さも理解でき、食材を作る方々の思いを知り、さらに流通の問題も見えてきます。人への思いやりの気持ちも自然に生まれてくるでしょう。

どんどん新商品が登場して過熱化する世の中を生きる私たちが、便利だ、手軽だ、というだけで市販品を活用する頻度が増えていないか、このへんでちょっと立ち止まって考えることも必要なのでは。

一時期のブームに乗っかるのではなく、自分の中の確たる習慣を作って日常のことにする、そこから家庭の味というものが生まれます。

手作りの料理を日常のものにすると、健康管理がとてもしやすくなります。そして自分や自分の家族に合った料理は、高級料亭の料理より、ある意味でずっとぜいたくかもしれません。体によくて充足感のある料理は、豊かな家庭料理にこそある、と私は実感しています。

2

まず料理する場所があいていることが大切。それだけでやる気も倍増します。

「さあ、ごはんを作ろう」と思っても、調理台がものでいっぱいだったり、流し台に生ごみが残っていたり、流し口になにか詰まっていたりしたらどうでしょう。「まず片づけなきゃ」から始まるのでは、せっかくのやる気もしぼんでしまいます。やる気が起こったときにすぐにとりかかれるように、調理台はいつもすっきりとあけておきたいもの。料理の前に片づけるのではありません。台所は料理が終了したときに、きれいに片づいていることが大切です（→photo p.113）。

大丈夫、それはそんなに大変なことではありませんから。大原則は二つ。一つめは「使い終えたものはすみやかにもとの場所に戻す」。包丁は包丁スタンドへ、菜箸は菜箸立てに、と道具を分類して立てて収納すると、出しやすく、しまいやすいです。二つ目は、「汚れたらそのつど拭きとる」。時間がたってしまうと頑固になるガス台の油跳ねも、すぐにだったら熱い湯に浸してかたく絞ったふきんで拭きとれば、あっけないほど簡単にとれます。ふきんでなくてもキッチンペーパーでひと拭きしておくだけでもきれいになるものです。

じつは、まわりの人が料理中の私を見て、「拭いてばかりいる」と言います。「どうして料理と拭き掃除を並行してできるのですか?」とも言われるのですが、習慣にしてしまうと無意識のうちに勝手に手が動いているようです。

そうやって料理と片づけを並行して行なうようにつねづね心がけてさえいれば、最後の後片づけも、それほど面倒なことにはなりません。

一日使った台所を感謝を込めてきれいにして、翌日に使いやすい状態に戻しておく。その翌日には、きれいにしたところがまた汚れる——また、きれいにする。台所は本当に毎日そのくり返しです。でもそうしたくり返しこそが、「生きている」ということなのです。

台所はショールームではないのですから、きれいなだけで使わなかったら、生きていない、循環していない場となってしまうことになります。

使われている台所というのは、きれいになったり汚れたりを毎日くり返しているもの。使われている台所道具や器は古いものでも、光り輝いているものです。

一日の終わりの台所がきれいであれば、作業できるスペースもおのずと確保されて、段取りよく、気持ちよく、いつだって料理を楽しむことができます。

限られたスペースだからこそ、料理をしたくなる台所にするには、気持ちよく片づけておくことが必要です。きちんと片づいた台所というのは、ものを作る気分を高めてくれるものだと思います。

3

調味料の選び方が、その家の味や健やかさを決めます。

スーパーの棚には、さまざまなたれ、ソース、ドレッシングが並んでいます。かけるだけ、つけるだけで味つけが完成する便利な調味料。それらの製品の表示をよく見ると、いろいろなものが含まれていて、中には何が入っているのかよくわからないものもあります。長くもたせるための保存料や防腐剤などの食品添加物も、きっと、いや絶対に入っているでしょう。はっきりした味に仕上げるために味つけは濃くなっているでしょうから、塩分やカロリーも高くなりがちなのではと心配です。

どうしても時間がないときや、また変化球として上手に利用するのならうなずけますが、こうした複合調味料をいつも使っていると、食品添加物や栄養価の問題だけでなく、舌が麻痺して本物の味がわからなくなるそうです。

こうした市販の調味料に、鮮度のいい旬の素材の持つ独特な香りやうまみ、ほんのりとした甘みなどがかき消されてしまう場合もあり、もったいないことだと思います。

わが家では基本のマヨネーズやドレッシングはもちろん、中華だれやパスタソース、めんつゆやポン酢しょうゆなどは、どれも自家製のものを使っています。

基本の作り方に慣れれば、応用も自然に広がります。マヨネーズなら使う分だけをハンドミキサーで作るのですが、あっという間にできあがりますし、トマトソースなら数回分をまとめて作って冷凍保存しておくので、それほど大変ということもありません。手作りすれば安心ですし、とにかくおいしいのでやめられません。

このおいしさのもとになるのが、塩、しょうゆ、みそ、砂糖、酢、油などの基本調味料の品質です。調味料は日々の料理に必ず登場するものですから、どんなものを選ぶかで料理のおいしさや健康にも深くかかわってきます。

ここで、わが家で愛用している基礎調味料をご紹介しましょう。

塩——塩はもっとも基本的な調味料。サラサラで真っ白な精製塩を避け、味わい深い自然塩を選んで使っています。自然塩には海の恵みを受けた海塩と、かつての海水が地殻変動などで地層内で結晶化した岩塩がありますが、私はおもに海塩を使っています。

「自然塩（海塩）」は、海水を天日干しにしたり、平釜で煮詰めて結晶化させる伝統的な製法のもの。塩化ナトリウムのほかにも、マグネシウム、カリウム、カルシウムといった海の恵みのミネラル分が含まれています。

その結果、まろやかな辛さというか、風味やうまみの感じられる〝まあるい味〟の塩ができ、知らぬ間に体へのミネラル分も補給されます。

粒の細かいもの粗いものといった違いは、料理に合わせて、どこで使うか、何に使うかをよく考えて。効果的に適量を使うようにしたいものです。

しょうゆ・みそ――数ある調味料の中で、どんなものを使っているかによってその家の味が決まってしまうほど中心的な役割を担っているのがしょうゆとみそです。

中でもしょうゆは、すべての和食の味を左右するといわれるほど。それればかりか、和食だけでなく中華料理、ときには洋食にも隠し味として使われることが多くなりました。ですから、おいしいしょうゆは、当然料理の味もおいしくするわけです。

大豆を発酵させて作られるしょうゆやみそには、独特のうまみと香りがあります。せっかくのこのよい香りを飛ばさないように、どちらもあまりグラグラと煮立てないのが、上手に使うコツといえるでしょう。

長く煮込まなくてはならないときは二度に分けて加えて、二度めにひと煮立ちさせて仕上げると、ふわっと香りが引き立ちます。

できれば自分好みの、じっくりと熟成させたしょうゆやみそを選び、長いこと使い続けてください。それでこそ毎日の積み重ねで、腸内の善玉菌を増やしてくれたり、いつまでも舌の記憶として残る〝わが家の味〟になるのですから。

砂糖――ふつう「砂糖」といえば、上白糖と呼ばれる白砂糖のことでしょう。わが家では、白砂糖を買うことはめったにありません。料理をあまり甘くしたくないですし、甘くする場合はみりんを使うことが多いからです。たとえば同じ煮物でも、ダイレクトな砂糖の甘さより、みりんで煮たすっきりとして深みのある甘さが好き。みりんもさまざまな調味料を加えてみりんに似せた「みりん風調味料」ではなくて、熟成させて作られた「本みりん」を使うとまったく味が違います。

ほかに甘味料として愛用しているのは、徳島産の和三盆やカナダ産のエキストラライト・メープルシロップ（→p.150）などです。これらをぜひとも料理にも使ってみてください。上白糖と合わせて使うこともできます。

酢――さっぱりとした風味の酢は食欲を増進させたり、疲労回復に役立つのだとか。わが家で醸造酢として長年愛用しているのは、ツンとしたきつさがなくマイルドな味わいの京都の米酢「千鳥酢」、ほかにもワインビネガーやバルサミコもよく用います。いわゆる酢ではありませんが、酸味がほしいときには、レモンやライム、柚子やすだちなどの柑橘果汁もよく登場します（→p.146）。

油――油の選び方が体にとっていかに大事かは、医師と共著の食事本を手がけて痛感しました。おいしいと思って使っていたオリーブオイルやごま油がいかにすばらしいものかも理解できました。これについては、後ほど詳しくお話しします（→p.158）。

自家製マヨネーズ

［材料］作りやすい分量
卵…1個
白ワインビネガー…大さじ1〜1強
塩・こしょう…各少々
オリーブオイル…⅔〜1カップ

1　筒型の瓶（ジャムの空き瓶など）にすべての材料を入れ、ハンドミキサー（バーミックスなど）の先端をさし入れて、全体がとろりとするまで攪拌する。
＊ミキサーで作る場合、まず卵、酢、塩、こしょうを入れて攪拌し、オイルを細くたらしながらさらに攪拌しつづける。好みのかたさになるまでオイルを加える。オイルが多いほどかために仕上がる。
＊刻んだピクルス、ゆで卵、好みのハーブ、ケチャップをはじめ、使う料理に応じてわさび、柚子こしょう、みそなどを加えるのもよい。

基本のドレッシング

［材料］４人分

オリーブオイル…大さじ4
ワインビネガーまたは米酢…大さじ1½
塩…小さじ⅔
こしょう…少々

1 塩、こしょうをボウルに入れ、酢を加えて泡立て器などで溶かす。
2 オイルの半量を数滴ずつ加えながら混ぜ、残りは一気に加えて、とろりとするまで泡立て器で混ぜる。

*ワインビネガー（米酢）のかわりに、レモン汁大さじ1を使っても美味。

*サラダに直接調味料をふりかけて作る場合は、まずオイルをふりかけて全体に混ぜ（こうすると野菜の水分が出にくくなる）、次に酢、塩、こしょうの順に加え、混ぜ合わせる。

*ごま油、しょうゆ、豆板醬などを使えば中華風ドレッシングに。

トマトソース

［材料］作りやすい分量
トマトの水煮缶（400g）…2缶
にんにく…2～3片

オリーブオイル…大さじ2
バジル…1枚
塩…少々

1 トマトは缶から出し、均一につぶしてなめらかにする。にんにくは薄皮を除き、包丁の腹でつぶす。

2 平鍋にオリーブオイルと**1**のにんにくを入れ、弱火にかけて香りが出るまで炒める。

3 香りが立ってきたら、**1**のトマトとバジルを加えてそのまま弱火で15〜20分ほど、ときどきへラで混ぜながら煮る。

4 全体がとろりとして、へラを動かしたときに鍋底に筋がつく程度になったら塩で薄味に調え、にんにくとバジルを除く。

＊時間のあるときに多めに作り、1カップずつ保存袋に入れ、厚みを均一にして冷凍する。

＊なるべくシンプルな味つけにして保存しておくと、パスタソースとしてはもちろん、パンやピザにぬったり、炒めご飯に混ぜたり、オムレツや魚のソテーにかけたり、肉や魚を煮込んだり、料理に応じて味を調整しながら幅広く使い回せる。

ジェノバ風ペースト

［材料］作りやすい分量
バジル…両てのひらいっぱい
にんにく…1片
松の実…大さじ2
パルミジャーノ・レッジャーノ…大さじ2
オリーブオイル…½〜⅔カップ
塩・こしょう…各少々

1 バジルの葉を茎から摘み、水洗いしておく。

2 材料すべてをミキサーかフードプロセッサーにかけて細かくなるまで攪拌する。途中、スイッチを止め、周囲についたものをゴムベラなどでかき落として上下を返し、全体がなめらかなペースト状になるまで攪拌する。

＊空気にふれると色も変わり、味も損なわれるので、基本的に食べる直前に作るほうがよい。
＊このソースはパスタやピザソースとして使えるほか、ステーキやハンバーグ、魚介のソテーに添えたり、ゆで野菜やゆで豆とあえてもいい。そのまま使うだけでなく、やわらかくしたバターまたはマヨネーズと混ぜてパンにぬったり、オリーブオイルでのばして、カルパッチョや魚介のサラダに回しかけるのもおすすめ。

めんつゆ

［材料］作りやすい分量
だし汁（→p.35）…1カップ
しょうゆ…¼カップ
みりん…¼カップ弱
酒…大さじ2
塩…1つまみ

1 鍋にみりんと酒を入れてしばらく沸騰させ、アルコール分を飛ばす。
2 しょうゆを加えて煮立て、だし汁を加えて再びひと煮立ちしたら、塩を加えて火を止める。
3 冷めてから瓶に移し、冷蔵庫で保存する。

*長くもたせたいときは、小分けにして冷凍保存も可能。

*おいしく仕上げるポイントは、最初にみりんや酒を煮立てて、よくアルコール分を飛ばす（煮切りみりんにする）こと。

*まとめて作っておけば、めんのつけつゆとしてはもちろん、天つゆや肉と野菜の煮物（肉じゃがや筑前煮）、野菜のあえ物や揚げ浸し、卵とじなどに、そのままの濃さで使えるので重宝する。また、めんのかけつゆにはだし汁を足して薄めて使ったり、煮魚にはしょうゆを補って濃い煮汁にしたりと、調整しながら幅広く使い回せる。

ポン酢しょうゆ

［材料］作りやすい分量
だし汁（→p.35）…½カップ
柚子（またはかぼす）のしぼり汁…½カップ
しょうゆ…⅓～½カップ

1 柚子（またはかぼす）は半分に切り、レモンしぼり器などを使って果汁をしぼり、種は取り除く。

2 だし汁としょうゆ、**1**のしぼり汁を混ぜ合わせ、瓶に入れて冷蔵庫で保存する。

*柑橘果汁はほかに、すだちや夏みかん、なければレモンやライムを使ってもよい。

*めんつゆやポン酢しょうゆはどちらもだし汁を使うので、だしをとったときにいっしょに作ってしまうと効率がよい。

*だし汁は、昆布とかつお節のだし汁でも、かつお節だけのだし汁でもよいが、どちらもだしが新鮮なうちに作ることがポイント。とにかく自家製のだし汁を使い、柑橘系果物の汁と好みのしょうゆを加えて手作りすれば、おいしさは抜群。柑橘果汁は好みのものでよいが、レモン、夏みかん、かぼすやすだち、黄柚子といった具合に、フレッシュな柑橘の汁を自分でしぼって使うことがおいしさの源。

4
本物のだしの味を知るということの大切さは、はかり知れないものがあります。

先日、朝のテレビ番組で、「だし汁はダイエットにいい！」というテーマを取り上げていたので、思わず目を止めてしまいました。天然だしの香りは脳が大好きなものなので、これを上手に用いると、調理に使われる高カロリーの油や糖分を減らすことができるのだそうです。かつお節や昆布、煮干しといった材料に含まれる成分自体も体にいいのだと思いますが……。

その番組を見ながら、「でもそのだしは、自分でとったものでないと意味がないわ」とつぶやいていました。液体だしの素や、顆粒状のだしといった合成されただし調味料は、けっして本物のだしとはいえません。それを使って、「だしをとっている」と思うのは大間違い。こういったものは、成分表を見ると、好ましくないものも多々含まれています。

島国の日本は、昔から海の幸の恵みをとても大切にしてきました。海からの贈り物である昆布、かつお節、煮干しといった自然素材が、日本人にとって長く親しんできただし素材なのです。これらはどれも長い時間と手間をかけて作られたものだけに、素材の持つ香りやうまみがギュッと凝縮されています。ですから、その香りやうまみを水の中に浸出させた、澄んだこはく色のだし汁が、おいしくないはずがありません、その奥深い味わいを舌が覚えてしまったら、この味わいでないと、という気持ちになります。

そのうえ、だし汁にはカルシウムやヨードをはじめとするさまざまなミネラル分やビタミンなどの栄養素が含まれ、かつての日本人の元気を支えてくれていました。

合成されただし汁は便利ですが、人工的に強いうまみをつけてあるので、自然素材のだし汁のようなふわっと漂う香りや滋味深い味わいなどはありませんし、素材の味を〝一歩下がって〟引きたててくれることもないのです。

これは和風だしに限ったことでなく、固形ブイヨンや顆粒状の洋風だしでも同様です。私も子育てと仕事の両立で忙しい時代、こうしただしの素に助けられたことはありますが、次第に自然素材のおいしさだけを味わいたい気持ちが強くなり、今では使わなくなりました。

だし素材は海のものに限りません。鶏手羽先やクズ野菜、乾物（干ししいたけなど）など、ふだん料理に使う身近な素材を上手に用いれば、安心でおいしいだしがとれるうえにエコにもつながります。

これらのだし汁も、最初の二週間ほどは少し物足りなく感じて、ちょっと固形ブイヨンやだしの素で補いたくなるでしょう。ところが、二〜三か月もすると、固形ブイヨンの匂いと味を邪魔に感じるようになり、本物の味わいを舌が選別できるようになるはずです。

本物のだし汁はピュアな味わいで、よい香りがするもの。毎日の食事で体に取り入れるだし汁を自然素材にしたら、一生口にする分を計るとどれだけの差が生じることでしょう。

ただし、良質のだし素材を選ぶことが、おいしさの点でも元気を持続させるためにも不可欠です。

昆布とかつお節のだし photo p.114

［材料］約10カップ分
昆布…20㎝
かつお節…100g
水…12カップ

1 大きめの鍋に分量の水と昆布を入れて一晩おく。昆布を取り出して鍋を火にかけ、煮立つ直前にかつお節を入れる。菜箸などで全体を湯に沈めてから火を止める。
2 そのまま10分ほどおいて、かつお節が鍋底に沈むのを待つ。
3 ボウルにざるをのせ、ぬらして固く絞ったさらしのふきんを敷き、**2**のだし汁を漉す。
＊かつお節には血合い入りと血合いの入らないものがある。血合い入りはこくのあるだし、血合い抜きはすっきりとしただしがとれる。使い分けは用途に合わせて。
＊だし昆布は利尻昆布や真昆布などを。
＊かつお節は封を開けると一気に香りが飛んでしまうので、まとめてだしをとり、残った分は一回分ずつに分けて冷凍しておくといつでも気軽に使える。
＊昆布を一晩水につける時間がなく、すぐにだし汁が欲しいときは、大鍋に昆布と水を入れて、少しおいて弱火にかけ、沸騰直前に昆布を引き上げる。ここから先は前記の手順どおりに作る。このとき、昆布を煮立てすぎると特

有の臭みがでるので注意。

*昆布は煮立てないで、「水だし」をとるとおいしく失敗がない。ガラスポットなどに水と昆布を入れ、冷蔵庫に入れておくだけ。常備しておくと重宝する。

*時間や昆布がない場合は、水4カップを沸騰させ、かつお節40gを入れると同時に火を止め、同様に漉した「かつお節のだし」でもおいしい。

煮干しのだし

[材料] 約4カップ分
煮干し… 70g（約30尾）
水… 4カップ

1 煮干しは苦味の出る黒いはらわたの部分を除き、頭部はえらの下の黒い部分だけを除いて頭は残す。身が大きい場合は、身の部分を二つに裂くとはらわたを除きやすい。

2 分量の水に**1**の煮干しを入れて一晩おく。

3 翌日、網じゃくしなどで煮干しを取り除けば、煮干しのだしのできあがり。ていねいにしたいときは、ざるにかたく絞ったさらしのふきんを敷いて漉す。

*煮干しも昆布同様「水だし」でとるのがもっともおいしくて失敗のない方法。ただし急ぐ場合には、鍋に分量の

水と煮干しを入れ、中火にかける。煮立ったらあくを取って火を弱め、静かに4～5分煮立てて煮干しを取り出す。

*みそ汁には、かつおだしでもよいが、うまみの強い煮干しのだしがぴったり。ほかにもしょうゆ味の強いめん類のつゆや煮物、炊き込みご飯にも合う。

鶏のだし

［材料］約10カップ分
鶏手羽先…1kg
水…11カップ
長ねぎ…½本
しょうが…1片

1 鶏手羽先は水でよく洗う。長ねぎはぶつ切りにし、しょうがは皮つきのまま薄切りにする。

2 深鍋に分量の水と**1**の材料を加えて火にかけ、沸騰してきたら火を弱め、あくを取りながら30分ほど静かに煮つめる。

3 火を止めてざるに漉し紙をしき、手羽先ごとスープを漉す。

*手羽先のほか、手羽元や骨つきの鶏ぶつ切り肉を使ってもよい。だしをとったあとの手羽肉はしょうゆとにんにくのすりおろしをもみ込み、オーブンやフライパンで焼くとおいしい。また、下味をつけてから汁けを拭きとり、

高温の油で揚げても美味。

＊鶏のだしは洋風の煮込みスープ、中華風のめんやあんかけ料理などのほか、和風のめんや汁かけご飯などにも使える。

＊多めに作り、その日使う分以外は冷凍保存しておけば、いつでも使えて重宝する。

野菜だし

1 使い残しの玉ねぎ、白菜やキャベツの芯、にんじん、残ったトマト、セロリの葉、パセリの茎、長ねぎの青い部分など、そのときにある、あまりあくの出ない何種類かのクズ野菜を適量、ざく切りにする。

2 深鍋に**1**の材料を入れ、かぶるくらいの水を加えて強火にかけ、沸騰したら弱火にして、そのまま1時間ほどコトコトと煮込む。

3 ざるにかたく絞ったふきんをかけ、**2**を漉す。

＊野菜のだしは和・洋・中華の料理に使えるが、洋風や中華料理に使う場合はローリエやたたきにんにくを、和風料理ならしょうがなどを加えると、より風味よく仕上がる。カレーやシチュー、肉や魚介を煮込むときの水がわりにも使える。

5

五歳までの子どもの食事が、その子の一生の味覚を左右します。

私の味覚は、母が毎日作る料理で育てられました。それは特別な料理ではありませんでしたが、母の里いもの煮物はいまだに忘れられない味ですし、梅干し、たくあん、白菜、らっきょうなどのさまざまな漬け物は家でいつも母が漬けていましたので、買ってくるなどと考えたことがありませんでした。

昆布とかつお節のだし汁をとるときも、私は基本的に1カップの水に10グラムのかつお節を使います。おそらくこれは一般的に紹介されているレシピの二倍以上のかつお節の量だと思いますが、これも母から「だしをとるときは、箸が立つほどかつお節を入れて」と教わったおかげです。そしてだしをとるときはかつお節が水を吸うので、必要なだしの分量よりやや多めの水を用意して入れます。

きちんととったおいしいだしは、それほど手間をかけなくても、野菜料理をとびきりおいしい味に仕上げてくれます。そのせいでしょうか。私は大の野菜好きになりました。とはいえ、私は小さい頃から母親の料理の手伝いをして育ってきたわけではありません。

夕ごはんの支度が始まる時刻、遊びから帰ってきた私は、いつも母のそばにいて、作り方を覚えようとするわけでもなく、「手伝いなさい」と言われるわけでもなく、お味見係としてそばに控えていました。そして、おいもが煮えたら熱々をひと口食べ、卵焼きが焼けたら端の部分をもらい、漬け物を切ったら、それをまたつまみ、と当たり前のように味見していましたっけ。でも、そこで覚えた味の数々は、いまだに舌の記憶として残っています。

話は変わりますが、ヨーロッパにいても東京にいても、私はだいたいイタリア料理か和食をいただきます。海外で家にお客様をお迎えするのによく登場するメニューが、漬け物などを巻き込んだ「細巻きずし」です。食べやすく、巻き込む具材によって、とてもきれいで楽しい一皿になりますし、どこの国の方もよろこんでくださいます。

ところで、世界各地から人が集まり、多種多様な食材が手に入るロンドンでは、もちろん、おすしの材料を一応全部そろえることができます。けれども、調味料に関しては満足できないものがあります。しょうゆは塩からいだけですし、日本製とおぼしきお酢は原料を見ると「酢・水」と書いてある始末。原液を水で薄めているのだと知ってびっくり。そこで、しょうゆや酢は日本から持参したり送ったりするのですが、そうして本物の調味料で作ると格別においしい。きちんと手をかけて醸造されたものかどうかの差は、ここでもあまりにもはっきりしてしまいます。

小さい子どもは、親の与えるものをそのまま受け入れます。本物の味を与えられれば、舌はしっかりそれを覚え、味覚はどんどん磨かれていきます。

それとまったく逆の例をＢＢＣのテレビ番組で観て、本当に怖いと思ったことがあります。アメリカの南部に住む子どもたちの中には、まず朝食に昨晩の残りの冷凍チキンナゲットを食べ、コカコーラを飲む。学校の給食にまたチキンナゲットと色つきの牛乳……こんなふうな食事をずっととり続けて大きくなる子もいるそうですが、そうするときちんと作られた料理を受けつけない大人になってしまうのだとか。チキンナゲットといえば、もっと怖いニュースもまだ耳新しいことです。

日本でも、お米とだしをおろそかにして、即席のめんや袋に入ったパンなど、簡単な食事ばかりを与えて子どもを育ててしまったらどうなるでしょう。

子ども時代からきちんとしたものを食べさせれば、意識していなくても舌の記憶は残るものです。私の経験からいっても、三〜五歳くらいの舌の感覚というのはその人の一生について回ります。子どもの一生の味覚を決める親の責任は、とても重いものだと思います。

漬け物の細巻き photo p.115

［材料］４〜５人分
米…３合（５４０㎖）
水…３カップ弱
昆布…10〜15㎝
酒…大さじ2
合わせ酢｛米酢…80㎖　砂糖…大さじ2〜2½（好みで）　塩…小さじ１｝
のり…６枚
具：漬け物（野菜の塩もみなど）、塩鮭、かつお節など好みのもの…適量

1　米は炊く30分前にといで、ざるにあげておき、分量の水（いつもより少なめ）、昆布、酒を加

えて炊き上げる。その間に合わせ酢の材料をよく混ぜる。

2 炊きたてのご飯を飯台または大きめのボウルにあけ、合わせ酢を回しかけて切るように混ぜ、あおいで冷まし、すし飯を作る。

3 のりは短辺を半分に切り、巻きすの手前に長辺を合わせておく。のりの向こう側を1㎝ほど残してすし飯を12等分（80g強）してのせ、指先で手前にごく薄くのばして広げる。

4 すし飯の中央に具を一文字にしておき、手前から巻きすをくるりと巻いて細めののり巻きを作る。

5 包丁の刃を水で少しぬらし、1本を6等分に切る。残りも同様にして作る。

*しば漬けのほかにも、きゅうり、セロリ、にんじんなどの塩もみを芯にして巻けば、きれいな色の細巻きができあがり、子どもも喜んで野菜がとれる一品に。卵焼きを芯にしても喜ばれる。

6

無類の野菜好き。どこにいても本当においしい野菜を求めて奔走します。

おいしいだしをたっぷり含ませた青菜の煮浸しや根菜類のお煮しめなど、母が作ってくれた心尽くしの料理で育った私は、いつも「本当に野菜っておいしいわ」とすっかり野菜が好きな子に育ちました。

ただよく考えると、それに加えて、私のまわりにはいつも、その日に採れたような新鮮な野菜があったことも幸運だったのだと思います。

二日に一度、わが家に、千葉県の佐倉から朝採りの野菜をかついで来てくれる農家のおばさんがいましたし、ご近所から採れたての野菜をいただくことも多かったのです。

きっと母の努力があってのことだったのだと感謝の気持ちでいっぱいになりますが、

いつも台所には新鮮な野菜があったように思います。

余談ですが、父が仕事をリタイアしたあとの話。茶碗集めが趣味だった父と茶道をやっていた母という二人の楽しみがうまく合致したのでしょう。わが家には毎日、午前十時頃と午後三時頃に「お茶の時間」がありました。ことに盛大だった三時のお茶の時間には、親、兄弟や近所の人まで加わって、縁側でお茶を飲み、お菓子を食べ、一時間ほど延々とおしゃべりをするのが日課になっていました。このお茶の時間に佐倉から来る農家のおばさんも加わって、時には、そのおばさんの自家製の大福や団子も登場して……これはなつかしい思い出です。

新鮮でおいしい野菜は、あって当たり前という環境で育ったせいか、私はどこにいてもおいしい野菜を求めて奔走します。本来の香り高く味の濃い野菜の味を知ってしまうと、水耕栽培のように香りや味が弱々しいものは物足りないからです。

通信網と交通網が発達した現在、日本ではその気になって努力すれば、かつてより比較的簡単に、おいしい野菜が手に入るようになりました。

昨今、海外で暮らす時間が比較的長い私は、ヨーロッパでもアンテナを張りめぐらし、野菜探しに奔走します。イタリアは、「ここで採れたものがいちばん！」という地産地消を極めたお国柄です。そのうえ私の家は自然豊かな田舎にあるので、楽に心おきなく現地のものを楽しんでいます。

一方イギリスは、かつては多彩な野菜やフルーツが出回るのは、気温が高めの限られた期間だけでしたが、最近はBRITISHのマークのついた野菜やフルーツがさかんに売られるようになってきました。イタリアほどではないにしても地産地消を推進する動きは目に見えて進んでいます。世界中のものが手に入るロンドンですが、野菜に限ってはBRITISHのマークを目印に買い物をしています。

中近東風の料理がたまに食卓にのぼりはしますが、和食かイタリア料理が中心のわが家では、野菜を手に入れるためには苦労します。どこにいても、だしにご飯、それにたっぷりの野菜は欠かしたくない私は、その結果、ロンドンを東へ西へ、食材探しのために駆け回ります。「どの青菜がごまあえに合うかしら」、「塩もみするならどのきゅうりかしら」などなど。きゅうりとひとことで言っても、日本のそれとは姿も味も異なります。まずは買って食べてみる、そこから始まります。

それでもだめなら、今はインターネットの時代なので、食材の鮮度や味に心を砕いたイタリア系の人たちがやっているデリバリーのサイトを探して頼んだりもします。とはいえ、私が求めるのは日本では身近なきゅうり、トマト、なす、かぼちゃといったごく一般的な野菜です。

日本でもきちんと作られた食材を手に入れるために、全国にアンテナを張って探したりしていますが、結局、私は海外に行っても同じことをしているわけです。

7

水増し食品に注意。作る人や売る人だけでなく、買う人にも責任があります。

最近よく思うことは、水増し食品がとてもふえているということです。ロンドンで酢のラベルを見たら、原料として「酢、水」と書いてあったというのは本当の話。メーカーを見ると日本の会社だったので二度びっくりしました。結局、その酢はおすし作りには使わず、掃除用になりました。ヨーロッパは硬水なので、浴室に石灰が付着するのですが、酢水を吹きかけておくとよく落ちたのでなかなか名案でした。

よく見かける「浅漬けの素」などで漬けた野菜の漬け物。いかにもきちんと漬けたように見えるものもありますが、手間をかけて発酵させた漬け物とは、味わいも乳酸菌の数も大違いです。こうした「浅漬けの素」を使ったものは本当の漬け物ではありません。

また、水太りさせたブロイラーの鶏肉。

こういったものは典型的な水増し食品です。ちゃんと育てるのではなくて、水増しして太らせるのです。食べ物に限らず、そうした水増し製品にも気をつけたいものです。

たとえば、ブロイラーの鶏肉をおいしく食べようとすると、水を出す作業から始めなくてはなりません。鶏全体に塩をすり込んで一晩おき、水けを取ってから料理を始めますが、外を走り回っていた鶏に比べるとおいしさ（おいしさは味わいばかりでなく、「香り」もです）が劣るのはいうまでもありません。購入時は少し安価であっても、結局手間もお金もかかり、おいしさは劣るということに。さらに水けを多く含む肉はいたみやすいので、注意が必要になります。

消費者がちょっと賢くなって、そういう食品が売れなくなれば、売る人も考え直すでしょうし、作る人もいなくなるはず。水増し食品には、買う人にも重大な責任の一端があると思います。逆にいえば、消費者が世の中を変える、ともいえるのです。

作る人や売る人からいえば、「売っているからいけない」ではなく、むしろ「買う人がいるから売っているんだよ」と考えるのでしょう。相手が悪いと責めてばかりいるのではなく、それなら、「もう買わない」と考える決断も、ときには必要ではないでしょうか。

まず自分でもできるところから行動しないと、世の中はなにも変わらないのではないかと思います。一人一人の動きというものはほんの微々たるもので、急に変化があるわけではないかもしれません。でも、それしか方法がないのであれば、そこからやるべきだと思います。まず自分から行動すること。「相手が悪い」ではなくて、それより、つい手軽なものを買ってしまう「自分が悪い」と思うこと。なぜなら、その結果はすべて自分に返ってくるのですから……。

私が主宰する料理教室では、料理の作り方だけでなく、私が人に伝えたいそういった話もついついしてしまいます。そういう話をすると皆さんの目がきらきら輝いて、とても熱心に聞いてくださるので心強く思っています。

8

昼間はしっかり食べ、夜は軽め、これが私の基本的な食べ方です。

朝食は軽く、夕食はしっかり、というのが日本のごはんのバランスですが、外国に行くと、むしろ昼食を大事にしてたくさん食べる国が意外に多いものです。

以前は、朝と昼はなるべく手早く食べて、仕事終了後にみんなで「お疲れさま」とごちそうのテーブルを囲むこともしばしばで、ときには、それが深夜に及ぶこともありました。

そこで一念発起、たとえどんなに忙しくても昼食時間をとり、しっかり食べることを心がけました。まるで夕食のような色彩豊かな昼食を終えると、午後の仕事の活力も上がりました。そのうえ、しっかり食べたスタッフは早い時間に帰宅できるので喜ばれました。

私はというと、夕食は一般家庭の朝食のように軽めにと心がけ、ベッドに入る三〜四時間以内にものを食べるということも、特別な場合を除けばなくなりました。

夕食をたっぷりいただいたあとというのはつい眠くなりがちですが、夜は本当に軽くしていますから、夕食後も頭がすっきりして、仕事の準備や原稿書きも快調に進みます。

それまでの私は、夕食は充分の栄養とボリュームが必要だと考えていたので、軽くしたらおなかが空いて眠れなかったり、欲求不満が残るのではないかと思ったのですが、大違い。胃が適度に軽い状態だと穏やかに眠りにつけるので、今ではこの食べ方がすっかり定着しています。逆にうっかり夕食を食べすぎると、胃が苦しくて寝つけないくらいです。

朝食と昼食でほぼ満足できるように食べて、夕食は朝と昼を振り返って足りなかったものを補う程度に食べるというのが、私のスタイルになっています。

それまでは朝になってもすっきりせず、低血圧なことも手伝って、目が覚めてもベッドからすぐに起き上がれなかったのですが、そんな日々が今ではうそのよう。この生活に切り替えてから、朝はすっきり起きられるようになったのです。朝食の楽しみもふえ、得した気分です。

昼間はせいいっぱい働き、夜はぐっすり、朝はすっきりという理想の一日をすごすためにも、食事のとり方は大切だ、とつくづく感じます。

9

食べることは楽しまなくっちゃ!!
気分転換のお茶タイムも欠かしません。

昼食をしっかり、夕食は軽く、というスタイルについて、具体的に私が朝昼晩にどんなものをとっているのかを、ちょっとお話ししましょう。これはあくまでも私の例。ご自分の生活スタイルに合わせていただければと思います。

食事はいつも、単なる習慣としてその時間が来たからいただくのではなく、味わいでも、器や盛りつけでも、状況や会話でも、なにか楽しみの要素を入れたいし、それを大切にしています。わくわくしながら気分よくいただく食事は、とても体によいようです。

朝食は定番の三品を軸にして

朝はパンというのが長年の定番です。子どもたちが巣立っていく前は、毎朝焼きたてのパンを食べさせたい！と奮闘していました。今はバゲット、ナッツ入りのパン、食パン、そしてライブレッドだったりと、その日の気分によっていろいろなパンを楽しみます。中でもよくいただくのは、盛岡の「横澤パン」のトーストです。

カリッと焼いた食パンには、バターをたっぷり。これはもう〝ぬる〟というより、冷蔵庫から出したてのかたいバターの薄切りを〝のせて〟食べる、といった感じです。バターはあれこれ変えることなく、もう何年来「カルピスのバター」と決めています。バターそのもののおいしさを味わうには、これがいちばんだと思うからです。

次に欠かせないのが、このバターの上にのせる手作りジャム。市販のジャムは甘すぎるので、必ず旬のフルーツを使って手作りしています。ひとり住まいではそれほど多くはいらないので、たとえばいちご1パックという少量で作ります。その量なら気楽に小さな瓶二つ程度が短時間でできます。

旬のフルーツといえば、朝食に季節のフレッシュフルーツも欠かしません。

香り高いおいしい紅茶も大切です。常備しているのはイギリスの「フォートナム＆メイソン」のロイヤルブレンドや、田園調布駅近くの紅茶専門店「ティージュ」の少量生産にこだわった紅茶。どんなに心急くときでも、あらかじめポットを温め、沸騰したてのお湯を注ぎます。その手間を惜しまないことが肝心です。お茶はティーポットに茶葉を入れ熱湯を注いで淹れます。

ペットボトルのお茶は、わが家では持ち込み禁止です。心静かにおいしいお茶を淹れる、これは豊かで大切な時間なのです。

それに、おいしいヨーグルトとフルーツが定番です。

とにかく朝は定番もので、脳の唯一のエネルギーといわれる糖質をしっかり補い、仕事の指示もテキパキできるように心がけています。

昼食はふつうのお宅の夕食風にたっぷりと

お昼は私ひとりのときもあり、撮影やお教室のときもあり、どのような料理にするか決まっていませんが、とにかくしっかりいただきます。

ご飯やめんはもちろんのこと、肉だったり、魚だったり、野菜料理も加わったりと皿数多く、バリエーションの豊かな食卓で、スタッフたちの笑い声の絶えないことも……。

だしをとったあとのかつお節や昆布、大根の葉などもけっして無駄にせず、料理してしまうことも多いのですが、それがご飯の友として意外に好評だったりもします。

お茶の時間で気分転換を

人というのは、ずっと同じ作業をくり返していると、どうしても能率が落ちてきます。そんなときのひと呼吸がとても大事。おいしいお茶を淹れる、好きな音楽を聴く、または、ベランダに出て植物の手入れをする、特別なことでなくても、ちょっとひと呼吸おくことで、また気分も新たに頑張る気持ちが湧いてきます。

ですから、わが家ではどんなに忙しいときでも、気分転換のお茶タイムは欠かしません。ほんの五分、十分のこともありますが、これは日常の一部になっている貴重な時間。

朝食のお茶はもちろん、午前中に一回、午後にも二〜三回のお茶の時間は大切なひととき。時間のあるとき以外は煎茶や抹茶のように気を遣うお茶は淹れず、熱湯でおいしく淹れられる紅茶や番茶、ほうじ茶などの出番が多くなります。

お茶の時間に、ちょっとしたお茶の友があれば楽しみが倍増。お持たせだったり、簡単に作れる手作りのお菓子もよく登場します。

たとえ食パンの残りでも工夫次第で素敵な一品になります。揚げてシナモンシュガーをふったり、とき卵と牛乳の液につけて、オーブンで焼いたフレンチトーストは定番。これにとかしバターと熱々のメープルシロップをたっぷりかけたらとろけるおいしさ。あり合わせのいちご、バナナなどのフルーツがあればスライスしてのせて、さらにグレードアップします。

常備しているフルーツのシロップ煮やピール類も心をほぐす恰好のお茶うけです。

夕食は野菜とだし汁がメイン

お昼をしっかり食べていると、夕食は特別にがまんしなくても自然に量が減ります。

夜は野菜や海藻をいただくことが多いのですが、種類や量は昼間とったものを考えながら調整します。この野菜や海藻の引きたて役が、おいしいだし汁。時間のあるときに、まとめてだしをとって冷凍保存してあるので、疲れていても気軽にとりかかれます。昼ごはんの内容に応じ、野菜に豆腐や油揚げを加えて汁物や小鍋、青菜の煮浸しなどにすることもあります。

お昼に肉や魚料理が少なかったときは、夜に肉や魚を少しだけいただくこともあります。納豆もよく夕食に登場します。ご飯粒なしで、大粒の納豆をのりで巻いて塩味でいただく醍醐味。納豆のうまみとのりの香りは、抜群の相性のよさです。

〈問合せ先〉
紅茶専門店「ティージュ」☎03―3721―8803
パン屋「横澤パン」☎019―661―6773

いちごジャム photo p.116

［材料］作りやすい分量
いちご…大1パック（400g）
グラニュー糖…180〜200g
レモン汁…レモン½〜1個分

1 いちごはヘタを除いて鍋に入れ、砂糖をまぶして汁が出るまで小一時間おく。

2 **1**の鍋を中火にかけ、沸騰したら火を少し弱めて煮詰める。途中であくをていねいに取り除き、ヘラでいちごをつぶす。

3 全体がとろりとしてきたら、レモン汁をしぼり入れて甘みと酸味のバランスを調え、混ぜ合わせる。少し煮ればできあがり。

*砂糖の量は、果物の重量（正味）の半量が基準であるが、いちごの甘さや用途、好みにより加減する。

*砂糖はグラニュー糖を使うとすっきりと色よく仕上がる。

*レモン汁は色を鮮やかにして定着させたり、酸味を加えたり、凝固を促すために用いる。皮が薄くてやわらかい汁の出やすいレモンを選び、まな板の上で軽く押すように転がしてからしぼるとよい。ジャム作りの最後に加え、味をみながら好みの酸味に調える。

*ジャム作りに使う鍋は、酸に弱いアルミ製のものは避け、ホーローやステンレス製のものを使う。銅製の鍋ならよりおいしく、色鮮やかに仕上がる。

10

どんなものを主に食べているか。食べ物の違いでお国柄も異なります

腹八分目とはよく言ったものです。昔から言われていることは的をえていることが多く、感心します。いつもそうしていればお腹の調子がよく、気持ちのよい毎日をすごせるはずです。

が、そうは言っても夕食会や招かれたとき、仕事での旅行中は、うまくコントロールできないこともあるものです。日本国内ならなんとか切り抜けられても、海外への仕事の旅行となると、私のお腹に合うものをいつもチョイスできるとはかぎりません。国民こぞってミートイーターという国で一週間連続のレストラン料理はかなりきつく、シンプルなおひたしが食べたいと心から思います。そんなとき私は無理をしないことを心がけます。思い切ってディナーはパスすると決め、持参した梅干しとほうじ

茶でその夜は早めに寝てしまうと、翌朝は体調がよくなり、元気が戻ってくるのを感じます。

ヨーロッパも北に行くほど肉料理が多く、北米、南米も長期の旅行は食事的にはつらい国々です。しかし地中海周辺の国々、ことにイタリアでは、日本食を忘れてしまうくらい問題はありません。とくにイタリアの中部から南部では油はオリーブオイルで、おいしい野菜がたっぷりですので野菜不足の心配はありません。クチーナポーベラといい、野菜がメインの料理が多いのは南イタリアの特徴です。クチーナポーベラは直訳すれば「貧しい料理」ですが、これなら貧しいほうが私には合っています。

野原で摘んできた野草料理にはたくさんのレシピがあって、すばらしくおいしく、体の芯からきれいになりそう。野原にはえているムスカリの球根さえも焼いてオイル漬けにしておいしく食べています。野菜を多く食べるためか、人々の気質も明るく穏やか。お金持ちではないけれど、気持ちは豊かでおおらか、親切です。

日本をはじめ東南アジアの国々でも野菜料理が豊富です。農耕を主とした生活をする人々は自然を敬い、穏やかであまり闘争的ではありません。そしてがまん強さや持久力がすぐれています。肉食が主の人々はおおむね闘争的で、何よりも自分がいちばんという考え方が強いです。略奪や戦争が絶えない地域では、おもに肉を食べていますね。

北アフリカの地方を旅したとき、羊の頭がゴロゴロと転がり、羊肉を焼く肉臭い煙が充満する市場で、肉をパンにはさんだものを食べましたが、この国にはとうてい住めない、と思ったものです。アルゼンチンも肉食の国。焼いた肉がこれでもかというほどテーブルに置かれて、食欲ががっくりと落ちてしまったこともあります。人々の気持ちも荒いと感じました。

よし悪しは一概には言えないですが、食べ物が異なると心や体に染みついた考え方、いちばん大切に思うものも違ってきます。

太陽や山、水、森といった自然に手を合わせる日本人の心は何よりもすばらしい。自然は征服するものではなくて、寄り添って生きることを大切にする日本人に生まれてよかったとつくづく感じています。

11 いつもどおりの食事がとれなかった場合は、三日くらいのスパンで軌道修正します。

食習慣の違う国を旅するときはもちろんですが、レストランで会合があったりと、特別な食事の機会というのは少なからずあるものです。

レストランでの重いディナーのあとは、帰って寝るだけになりがちです。たくさんとったエネルギーを体内に溜め込んだまま。満腹ですと苦しくて眠れません。かといって、せっかくのごちそうを残すのも心苦しいものですよね。出された料理を残すと、作った人は、「おいしくなかったのでは……」と心配しますし、けっしていい気分はしないでしょう。

そうならないように、あらかじめどうして食べられないか理由をお話ししたうえで、「私の分は半分にしてくださいね」とお願いしておきます。はじめからわかっていればお店側も気にしませんし、きちんとしたレストランでは少なくしたことを悟られないほど上手に盛りつけてくれるものです。こころよく注文を聞いて、上手に盛りつけてくれるシェフには頭が下がります。

毎日バランスのよい食事を、と心がけていても、食事会や旅先だからというだけでなく、仕事や時間に左右されることもあり、つねに優等生的な食事をするというのは困難なものです。

そこで私は、三日程度の食事をワンクールと考えて、なるべくその中で全体のバランスがとれるように調整しています。

「今日は肉を食べすぎたかしら」と思ったら、次の食事からは野菜を中心に食べて節制するようにします。いかに野菜好きな私でも、さすがに二、三日野菜ばかり食べ続けると、「たまにおいしい肉料理が食べたいわ」と思うようになります。

一日で収めようとするのは無理ですが、二、三日のスパンがあれば調整しやすくなります。人によっては、一週間のスパンでもよいと思います。

人間というのは、そのとき本当に自分が食べたいと感じるものがとるべき食べ物なのだと思います。

まずは、「食べすぎてしまった」や「これが足りない」などという自分の体の声に耳を傾けることがとても大切だと思います。そして、三日程度で食事の量や内容を軌道修正すると、気が楽で無理がありません。

12

食べることは数字や情報だけではありません。本来持っている本能的な感覚を磨くことも大切です。

暴飲暴食や不摂生に気をつけていると、自分の体が本当に求めているものが何であるかが自然にわかってくるようになりますが、その精度を上げれば、人間の感覚は本来とても高い能力を持っているものだと思います。

が昨今、メディアの情報や数字にあまりにも振り回され、人間の本能的な感覚が弱くなってきている気がしてなりません。パソコンや携帯電話など、便利な機能や道具がすごい勢いで発達している反面、本来使うはずの道具に、逆にあたかも人が使われているようです。

たとえば、カーナビもその一つ。以前はなくて当たり前だったのに、今ではナビがないと知らない場所に到着できないという感覚になっている。その感覚は怖いことだと思います。私も、カーナビを使って到着した目的地にもう一度行こうとしても、道を覚えていないことにびっくり。目印がまったく頭に入っていないのですね。ナビを使わず、自分で探し当てて行った場所はしっかり覚えているのと比べると、恐ろしいような気がします。

本来持っている人間の感覚は、もっと磨いたり深めたりしないと退化してしまいそう。とくに、いつもとちょっとでも違ったら、「なにか変ね」とすかさず感じる感覚、これが大切です。生活周辺の臭いや音に対する感覚が鈍ることは、危険を察知する能力が衰えていることにつながっていると思います。

私は台所などでいつもと違う臭いがしたら、その原因をとことん突き止めます。すると意外な盲点があって、なにかがこぼれていたり、焦げていたり、臭いの原因が絶対見つかるはずです。臭いでも音でも「なにか変？」と察知して確認することが大切です。

味についても同様で、調理ずみの市販の食品に記してある数字をやみくもに信頼しすぎていないでしょうか。自分の鼻や舌で見極める感覚を養わずに、数字だけを見て判断すると、万が一その数字が間違いや管理不行届きだったとき、簡単に誤魔化されてしまうことにもなりかねません。

データや数字重視人間がますますふえる一方です。数字も大切ですが、自分の五感を働かせたり、感覚を磨くことも忘れないでほしいです。放射能の数値に気をとられすぎていたら、食中毒で痛い目にあう、などということが起こらないように……。

自分の舌や鼻の感覚を磨けば、腐る直前の食材からはにおいがしなくなるし、そればかりでなく塩味や甘みもなくなるのがわかるでしょう。長くおいたマリネなども恐る恐るなめてみて、もしも塩けを感じるようなら大丈夫。だから長くもたせたい場合は、長く塩味がきくように、塩をきつくすることも道理にかなっているわけです。

ひと口食べて「おいしくない」と感じたら、危険信号だと思いましょう。そして無理に食べない、という選択が大切です。

13

体を動かすこと、その大切さは年を重ねるにつれ実感します。

「つまずく」、「ころぶ」、「階段をかけ上がれない」などは、年をとって体が弱ってくるのだから当たり前と考えがちです。けれども、よく動く生活が習慣になっていれば自然に筋肉が鍛えられ、高齢になっても機敏な動きを維持できるのではないかと思います。

体が自由に動くということは本当にありがたいこと。動きが鈍らないうちに、鍛えておくことも必要です。掃除や炊事といった日常の仕事をしながらでも、意識さえあればかなりの量の運動をすることができます。漫然と掃除するのではなく運動として掃除をすると楽しいし、仕事もはかどります。重い鍋や釜を持ち上げる、重ねた器を運ぶ、包丁を研ぐなどの動きは腹筋や背筋や腕のよい運動。

私は、「台所はジム」と思って、極力、意識して動いています。力を入れないとできない仕事はいやいやるとうんざりするものですが、運動と考えれば、同じ動きでも積極的に動けるものです。スタジオではできるだけ歩幅を大きく、さっさと歩き回ります。

イタリアでは毎日外に出て歩くのが日課です。坂道だらけの町は、小一時間でひとまわりすればかなりの運動量になります。重い荷物を持てばさらによい運動なので、途中で日用品を買って歩きます。長い坂道をがんがん登るととても疲れますが、家にたどりつくとハアハアしながらも、いい気分。そのあとの昼寝は至福の時間です。料理をしたり暖をとるためには、薪運びも毎日の仕事。

イタリアの田舎の不便な日常は、体を動かすには格好の暮らしです。庭掃除、窓ふき、天井のクモの巣とり、床みがき……と、家の仕事も一生懸命すれば、どれもよい運動になります。

家事や仕事で体を使い続けてきましたが、じつは今までに忙しさにかまけて自分の体のことをじっくりと考えることがありませんでした。そこで、今年は一念発起、トレーナーについて運動を始めたところです。

台所仕事の多い私は、いつも動いているとはいえ、やはり動きに偏りがあるらしく、修正が必要なところもたくさんあることがわかりました。長い時間、同じ姿勢で仕事をしてきたのが原因で、体全体のバランスが悪くなっているという指摘もいただきました。

やはりプロの目をとおして客観的に自分の体を見直すことも大切と、改めて感じているところです。

14

頭も体もすっきりする生活の鍵は、「食べ物」と「動くこと」

人は年齢とともに代謝量が落ちて、どうしても太りやすくなるといわれています。私も同様です。だから気をつけなければ。

逆にストレスが溜まったり忙しかった四十代～五十代のほうが、ちょっと油断するとすぐ太ったりしていました。その頃より現在のほうが仕事は忙しいのですが、体は軽く感じます。

家族がいる方はなかなか徹底しにくいかもしれませんが、娘たちが巣立ってひとり暮らしになってから、食事のとり方も変わってきたのはすでにお話ししたとおりです。「昼にしっかり、夜軽く」の食べ方を徹底し、よく動く生活をしていると、とくにダイエットをしている感覚があるわけではないのに、自分が気持ちよいと感じる体重をキープできます。

食事の内容は、野菜をたっぷりとり、ご飯とおいしいおだしは欠かさず、たんぱく源は魚や豆類など植物性のものを中心に、ときどきお肉というのが大まかなところです。

野菜を食事の中心にして動く生活を続けていると、だんだん頭がすっきりして、冴えてきます。思い悩んでストレスを溜め込むこともなくなり、前向きに物事を考えられるようになり、動きも驚くほどすばやくなり、神経も体もシャープになってくることを感じます。

不思議なことに頭がすっきりしてくると、暮らしの中身も見えてくるようになるものです。クローゼットにしまわれたままになっている使っていないものや、冷蔵庫の中などをきちんとしておきたくなり、暮らしにある淀んだ部分がなくなります。どこかが滞っているという状態がなくなるので、暮らしがつねに気持ちよく循環している状態になるのです。

すっきりした体の中のよい循環が、暮らしや行動にまで派生していくことを実感できて、「やっぱり人間は食べることと運動が基礎なのだな」と感じずにはいられません。

15

明日のことを心配するより、今日の自分を使いきり、いつも笑ってすごしたいものです。

今は先の見えない時代です。世の中も自分もいったいどうなるのか、という不安から、一見もっともらしい数字や情報に振り回される人がふえる一方です。

健康を気にするならば、まだ来ていない将来を心配して、数字ばかりを見て不安になるよりも、食べてしまった悪いものを体から出してくれる繊維質を多く含むものを充分に食べるとか、免疫力アップにつながるきちんと作られた発酵食品をとるなど、「今できることをやる」ことが、とても大切だと思います。そしていちばん優先するのは、「今を充実して生きること」だと思います。極端な言い方をすれば、今を充実させて生きられるなら、その先が長いか短いかは天の采配であり、自分では決められないことだからです。

今、自分ができることを最大限に頑張って、それをできる限り続けていくことに関心がありますし、それをより楽しみながらできたらベストです。

明日なにが起こってどうなるか、誰も約束してくれません。であれば、今現在を一生懸命考えたり、自分がこうありたいと思う方向に一歩でも進んでみたいと思います。結果にはあまりこだわらずに……。

やれない、あるいはやらない理由は数え上げればきりがありません。「歳だから」、「主婦だから」、「子どもがいるから」といった殻を取り払うと、一歩踏み出しやすくなります。今をよくしなければ、その延長線上にある「明るい明日」が訪れる可能性は低くなるばかりです。

長く生きてきた私ですが、「今日がベストの日にしたい!」と思って毎日をすごしています。今をできる限り生き、自分自身を使いきる。残さず使いきりたいと思うわけです。葉っぱや皮まで使いきる大根みたいでしょう。

第2章　若さと元気をくれる私の好きな食材

料理の決め手は、まずは素材が8、腕が1、道具が1です。おいしい料理のためにそれほど大切な素材選びですが、まずは健やかに育てられた本物の素材を選ぶ目を養うことから始めましょう。毎日食べる米はいちばん大切です。

そしてなんといっても野菜。新鮮で良質な野菜と向き合い、本来の風味を最大限生かすように工夫します。豆類やその加工品も大好きですし、小魚や海藻などの乾物類もよく登場します。

魚はいわしやあじ、さばといった青背の魚がとくに好きですし、肉料理もおいしくいただきます。それらを生んだ山、畑、海、そして生産者たちに敬意を払いながらいただき、食べ物への感謝の気持ちがあれば、そこから幸せを感じることができるでしょう。

16

よい食材には作り手や生産者の人柄が表れますから、それに寄り添う料理を考えます。

どうしたらおいしい料理ができるようになりますか？と聞かれることがあります。まず、よい素材を選ぶことが料理上手への第一歩だと思います。

さらに料理がシンプルになればなるほど、素材と調味料の「質」がその味を左右します。高価だから質が高いとは必ずしもいいきれません。畑からのとれたて野菜や直販所で安く買い求めた旬の野菜で作った料理が「最高においしい！」のですから。

人とよい付き合いをするためには、まずその人を知ろうと努めるように、おいしい料理に仕上げるためには、その素材の素性を知っておくことが大切です。どこで生まれて（産地）、どのように育てられたか（露地ものかハウスものか、天然ものか養殖かなど）、いつ収穫されたか、それが育った畑のこと、海のこと、生産者のことなど、それらすべてが素材本来の味にかかわってきます。

よい食材作りには大変な苦労や努力が伴うものです。手塩にかけて育てても、台風や猛暑などの天候でだめになることもあります。それは自然と向き合いながらの作業の産物ですから、小さな野菜一つでも大事に大事に育てられた命です。

こう言えるようになったのには、本当にうそのないおいしい素材には、必ず、明るく控えめで誠実な作り手（生産者）の存在があるのを実際に目にしてきたからです。

私自身が長年愛用したり、皆さまに「これはいいわよ」とおすすめしたりするものは、できる限り作り手の顔が見えるものにしたいと考え、たくさんの産地や工場などに直接伺って、その現場を見学させていただいてきました。

毎日使うみそ、しょうゆや油類（オリーブオイル、ごま油）などの調味料の製造者、家の前で月に一回開くファーマーズマーケットに野菜を運んでくださる農園家族、大好きなじゃこやわかめなどの海産物とか納豆作りにかかわる方々など、仕事も含めてこれまでにじつに多くの生産者の方々とお会いしてきました。

不思議なもので、本当に味わい深いものを生み出す作り手というのは、飾り気のない気持ちのいい方たちばかりです。そのうえ、なぜかきれい好き、「仕事の大半は掃除です！」などと笑っておっしゃいます。

この方たちからは、「売れるから」とか「時流《ブーム》だから」ではなく、控えめながら品質に自信を持ち、背筋をピンと伸ばして生きる姿勢が伝わってきます。信念を持ってもの作りに取り組んでいる姿には深く共感するものがあります。

たとえば、農園家族のご主人は、草を生やし、土に返すという自然農法こそが野菜作りの原点だと考えています。雑草を抜かないその畑では、野菜たちがたくましく育っています。ご家族全員、とてもたくましく明るく控えめで、野菜の印象そのまま。

この方の作る泥つきの野菜は、土から抜かれると多少しなびますが水を与えると驚くほどピンとよみがえります。そして野菜独特の香りや味わい、繊維の強さなどが感じられます。野菜は正直なもので、どのように育ったか、消費者の手に渡ってから確実に結果をみせてくれます。

私はおいしいものが食べたかったら、食材本来の風味にできるだけ近づけるように、それぞれの食材に寄り添った料理を考えることが大切だと思っています。

本来はレシピに素材を当てはめるのではなく、素材が調理法や味つけを決めるもの。

それが「素材を生かす」ということです。たくましく育った香りと味の濃い野菜なら、オリーブオイルと塩だけのごくシンプルな味つけで、充分おいしく感じられます。

魚の場合でも、ごく新鮮な魚ならまず「刺身」や「塩焼き」が頭に浮かびますが、煮つけが食べたいときは、鮮度によって薄味・濃い味と変化させます。ごく新鮮な魚なら薄味でさっと煮て、その魚のもち味を存分に生かせるように。逆に少し鮮度が落ちたかなという場合には、しょうゆ、酒、甘み（みりんか砂糖）を少し多めにして濃い味に煮上げます。

料理の本には書かれていませんが、おいしく仕上げるには素材に寄り添い、よく知ったうえでの臨機応変の対応が必要です。

17

日本人ならお米が第一。お米の偉大さにもっと気づいてほしいものです。

アジアの国々はもちろん欧米にもお米《ライス》はありますが、やはり日本のお米は世界一おいしいと思います。

炊きたてのご飯でにぎった塩むすびのおいしさ。これを頬張るとき、五感すべてが「ああ、日本人に生まれてよかった！」と感じ、やっぱりお米は日本人の主食であると、実感します。

玄米も噛みしめるほどに、白米とは違った自然な甘みと風味が口の中に広がります。玄米から白米に精米するときに出る米ぬかを用いたぬか漬けは、野菜が滋味深い味わいの発酵食品に変化し、米は実の中身も外側も、日本の食には欠かせないもの。

また、納豆を包んだり、かつおをあぶったりするときに用いられるわらは、収穫後の稲の茎ですし、玄米を取り除いたあとのもみ殻は、燃料にしたり、りんごや卵の緩衝材としてお馴染みのものでした。京都の伝統的な漬け物「すぐき」は、稲わらを使って漬けます。このようにお米はまったく捨てる部分がないところがすばらしいです。しかし、農薬をたくさん使って作ると稲わらももみ殻も捨てなくてはなりません。農薬を使うという人間のご都合主義は、結局、人間に戻ってくるんですね。

少々話がそれましたが、「食べる」から「使う」まで全部を生かしきれれば、お米も本望だろうと思うのです。ですから私たちは、お米をしっかりとおいしく大事に食べたいものです。そのためには、おいしいご飯を炊く努力や上手な保存の工夫も必要ですし、子どもたちにおいしいご飯の味を覚えさせることも大切な親の役割ではないかと思います。

ところで玄米は健康や美容のための特別なご飯と思われがちですが、私が育った家では、健康のためという母の主義で、時おり玄米が炊かれ、子どもの頃から玄米と白米を同じ感覚で食べていました。

お刺身に玄米は合いませんが、鶏肉の塩焼きやひじきの煮つけ、青菜の煮浸しが用意されていると、「今日は玄米ご飯だわ」と心待ちにしたものです。

そんな母の影響からか、私も子育ての時期から今にいたるまで、その日の料理に合わせて玄米と白米の両方を炊いています。玄米は健康にいいからだけでなく、それ以上に白米とは違うおいしさや食感を楽しんでいます。

今でも娘たちに子ども時代の食べ物の思い出を聞くと、「玄米ご飯の小さなのり巻き」がいちばんに出てきます。小さめに切った焼きのりの半分に温かい玄米ご飯を少しのせ、のりを半分に折りたたんで両端を押さえただけのもの。ちょうどのりのおせんべいのように見えるので、食の細い娘たちも次々と手を出し、よくつまんでくれました。

また、白米や玄米にひえ、あわ、きびなどの雑穀を加えたり、豆類を加えて炊いたりしてもまた違った味わいや食感が楽しめ、日々の食事に変化がついて楽しいです。なかでも、玄米3合に黒豆3分の1カップの割合で圧力鍋で炊いた「黒豆ご飯」が大好き。美しい色あい、深みのある味わいで、もっちりした食感が楽しめます。黒豆入り玄米ご飯のおにぎりは、人が集まるときの主食にしても、話題の的になります。

18

同じ野菜でも季節によって調理法を変え、旬ならではのパワーを逃さずに味わいます。

自然界というのはじつによくできているものです。とくに野菜は自然の影響を強く受けて育つ食材ですから、旬の野菜を味わうことによって、その季節の持つパワーを存分に味わうことができます。

早春から春先には冬に溜めた体の毒素を排出

春のまだ浅い時季に雪の合間から可愛い顔を出すふきのとう。冬眠から覚めた熊はこれを好んで食べるとマタギの方に伺いました。春の気配が近づくにつれ、山ではぜんまい、わらび、たらの芽などの山菜が芽吹きます。ほかにもうどやたけのこなど、どれも春の香りを運んでくれる野菜は、独特のほろ苦さやえぐみを持っています。この強い個性ある野菜たちは、冬の間、体に溜め込んだ毒素を排出してくれるパワーを持っています。野生の動物たちは教えられなくてもそれを知っているのですね。

私もこの頃のほろ苦さや独特の香りの野菜が大好きで、時季を逃さず存分に味わいます。

春先から初夏に出回る〝新の野菜〟の魅力

春先から初夏にかけては、新キャベツや新玉ねぎをはじめ、新ごぼうやにんじん、新じゃがなど、次々に新《しん》が付く野菜が出回ります。

新の野菜には水分が多く、キャベツ一つとっても、新キャベツ（春キャベツ）と冬キャベツでは大違い。ともかくそのみずみずしさは格別です。

新キャベツは巻きがゆるくて葉もやわらかいので、バリバリちぎって生でいただいたりサッと炒めるなど、火を通しすぎないようにしてそのフレッシュ感を味わいます。

同じキャベツでも冬キャベツになると、形はやや扁平で巻きがかたく、どっしりとした重量感があります。冬の寒さに耐えて甘みを増すので、シチューなどの煮込み料理や鍋物など、甘みが出るまでよく火を通していただくとおいしくなります。

同じ野菜でも季節によって調理法を変えて、それぞれの魅力を充分に楽しみたいものです。

猛暑には夏野菜で体温を下げて

トマト、なす、きゅうりや冬瓜《とうがん》などのウリ科の野菜など、代表的な夏野菜はどれも体を冷やす働きのある野菜です。と同時に体に水分を補います。本当に自然界はよくできていると、改めて感心させられます。

だからこそ、その力が弱いハウス栽培の野菜よりも、たっぷり太陽を浴びた露地ものの野菜を選びたいと思います。強い太陽を浴びた野菜たちは、ジリジリと照りつける日ざしから中身を守るため、抗酸化物質をはじめとするさまざまな成分を皮と実の間に蓄えています。ですからぜひとも野菜の命に感謝の念を忘れずに、皮ごとパリッといただきたい。

きゅうり好きの私の夏の料理教室には、いろいろなきゅうり料理が登場します。きゅうりはサラダばかりでなく、夏の寿司、炒め物、漬け物と応用がきき、干しても美味。夏野菜は寒いときに食べてもおいしくないし、体によくありません。旬の野菜はおいしいばかりでなく、体調をよくするためにも必要なもの。そんな献立の料理のときは冷房も控えめでいいですね。

また、暑い日のよく冷えたすいかのおいしさ。これも人工的なジュースより、よほど体を冷やしてくれる天然のジュースだと思います。

実りの秋は冬への備え

秋になると、お米やそばのほか、いも類、豆類など次々と実りのシーズンを迎えます。これらはどれも炭水化物を多く含むため、すばやくエネルギー源になる食べ物です。体は、やがて来る寒い冬に備えて、熱量を溜め込むように変化していきます。自然界の他の動物たちと同じです。

秋は、きのこ類の季節。きのこは、カロリーの調節にはもってこいのうえ、うまみ成分もたっぷりです。

冬には冬の根菜や青菜をたっぷりと

にんじんやごぼう、れんこんなどの根菜類は春から夏にかけて出まわる新のものはとてもみずみずしいのですが、冬になると実の詰まった根菜になり、ほっくりと煮た煮物や、コトコト煮込んだスープ煮などがとてもおいしく感じられます。

玉ねぎは新のものは生でそのまま食べられますが、一年中手に入る黄玉ねぎは水にさらして辛みをとらないと生で食べるには辛すぎます。

大根は冬は甘く、夏はちょっと辛い、と同じ野菜でも季節によって違います。撮影などの都合で、季節外れのものを使わざるを得ないときなど、それがよくわかります。たとえば、きゅうり。冬のきゅうりは形ばかりで本当においしくないものです。

ほうれんそう、小松菜、春菊などの青菜類は冬においしくなる緑黄色野菜の代表選手。野菜不足と感じたときのお助け素材にもなる重宝な野菜です。青菜も冬の露地ものは、夏のものに比べて霜が降りて寒さに耐えるほどに甘みが増し、栄養価も格段にアップします。夏のほうれんそうには食指が動きません。

旬の野菜というのはおいしいからいただくわけですが、結局それが栄養価も高く、また気候に順応しやすい体を作るのですから、自然というのは何もいわなくても本当にすごいものだとつくづく思います。

19

キャベツや白菜は丸ごと、根菜やいも類は泥つきで買うほうがおいしくて長もち。

スーパーなどで、キャベツや白菜が半分や四等分に切られた状態で売られているのをよく見かけます。また、根菜やいも類などがすぐに使えるように、泥を洗い流して売られていることもふえました。

たしかに丸ごと一個だと使いきれない場合も多く、手をかけずに料理をスタートさせたい忙しい人にとっては便利かもしれません。

本来の姿により近い、キャベツや白菜なら丸ごと、にんじんや里いもなら泥つきのほうがおいしく、より長もちします。

キャベツや白菜が半分や四分の一にカットされたものは、空気に触れる切り口が大きい分、どんどん鮮度が落ちていきます。

根菜やいも類も泥を洗い流してしまうと、皮の部分が直接空気に触れるわけですから表面がかたくなり、泥つきのものより早く味が落ちてしまいます。

里いもなどはとくにそうで、機械で泥や皮を落として漂白水につけたものと、泥つきの里いもでは、料理して比べると、まるで別物を食べている感じがするほど。とはいえ、キャベツや白菜を丸ごと買ってもすぐに使いきれないでしょうし、泥つきの根菜やいも類を洗うのはなかなか大変です。ひとり暮らしの私がいつもやっている方法をお話ししましょう。

キャベツや白菜などの葉物は、「かさを減らす」というのがポイントです。そのためには、生のものを塩もみ（塩漬けでも）にする方法と、加熱して煮込む方法があります。

キャベツも白菜も作りたい料理に使ったあと、残りそうならば、キャベツなら3～4ミリ幅のせん切りに、白菜ならひと口大にして、野菜の重量の2パーセントほどの塩をふり、全体をさっと混ぜて冷蔵庫で一晩おきます。

ただこれだけで驚くほどかさが減るのでたっぷり食べられますし、いろいろに使い回せて重宝しますが、新鮮なうちにこのひと手間をかけておくことがずっとおいしくいただくためのポイントです。

使うときには両手でギューと水けを絞り、オリーブオイルとこしょうで調味します。これだけで充分においしいです。これに好みのスパイスやハーブを加えて「キャベツのマリネ」にしてもよく、和風味にしたければ、青じそかしょうがのせん切りを混ぜてお漬け物風にしたり、梅肉あえにしても。

白菜もほぼ同じように使えますが、酢と砂糖を二対一の割合の甘酢漬けにしたり、そのままめんの具にしたり、豚肉または油揚げとの炒め物にすれば、主菜にもなります。

煮込んでかさを減らす方法は、キャベツならスープ煮に、白菜なら「酢白菜」にするのがおすすめ。どちらも火を通した甘い味わいが病みつきになります。

「キャベツのスープ煮」は、二人分でいっぺんにキャベツ半個を用います。芯をつけたまま半個のキャベツを縦四つ割りにし、食べやすく切ったベーコン4枚を厚手の鍋に入れ、ローリエ1〜2枚、スープ1〜2カップを加え、塩、こしょう各少々をふります。あとはふたをして、弱火で十五〜二十分コトコトと煮るだけ。水分が少なく思えるでしょうが大丈夫。キャベツは自分の水分で煮えるのです。スープがなければ、スープ抜きで蒸し煮にしても美味。野菜をいっぱい食べるいい方法です。

ラフに切ったキャベツをベーコンと煮るだけの簡単料理ですが、キャベツを驚くほどたくさん食べられ、しかもベーコンの塩けとうまみがほどよくしみているので何度食べても飽きない味。

「酢白菜」は、芯の部分に十文字の切れ目を入れて両手でバリバリと四つに裂いたものを使います。四つに裂いたうちの二〜三つは鍋物や塩もみに使ったとして、残りの一〜二つは鍋にねかせて入れ、½カップの水を加えて火にかけます。鍋のふたをして十五〜二十分ほど煮て蒸し煮にします。この蒸し煮の水けをきってバットに移し、熱いうちに(四分の一株に対して)大さじ2杯程度の酢をかければ「酢白菜」の完成です。白菜の熱でよい具合に酸味が飛び、辛子じょうゆでいただくと一つをひとりで食べきってしまうほど。

根菜やいも類など泥つきの野菜を洗うには、手のひらにすっぽり入るちょっと小ぶりの〝亀の子たわし〟がおすすめです。家庭用品売り場で簡単に入手できるはず。流水の下に野菜をねかせてこれでこすると、里いも、にんじん、ごぼうなどの泥が簡単に落ち、美しい色が現われるので楽しくなります。野菜をちょっと水につけてから亀の子たわしでこすると、さらに落ちやすくなります。

20

イタリアでおいしい野菜料理のバリエーションをふやしました。

子ども時代からトマト、なす、きゅうりといった野菜は、もぎたてが食卓に上がるような食環境で育ちました。おかげで野菜の旬には敏感になりました。

早春に出回るフルーツトマトの仲間はどれもおいしいものですが、高価だったり、真夏には入手困難だったりするので、特殊なトマトかもしれません。

夏に多く出回る「桃太郎」など一般的な品種のトマトなら、色が濃く、はりがあって手にのせるとずしりと重みのあるものを選んでください。太陽の光を浴び、真っ赤な皮がパチッとはじけるような完熟トマトであれば、野菜のパワーが感じられる味わいで、夏の暑さも乗り越えられそうです。

日本では種々のミニトマト作りがさかんです。小さいながら味が濃く、パチッと皮がはじけるほど身が締まり、軸のところはトマト本来のいい香りもします。野菜はどれも、香りが大切。食べ比べてみて納得できたら、少し努力をしても本当においしい野菜を入手して野菜料理を楽しみましょう。

トマト好きの国イタリアでは、ヘタの方からグッと指を入れて、手で割るようにして料理することがあります。トマトを手でちぎると断面積が広くなり、調味料のしみ込みもよくなるので、塩、こしょうをふり、バジルをちぎり、オリーブオイルをかけるだけ。よく冷やしていただきますが、これを軽くあぶったパンにのせてもおいしいものです。

イタリア生活が長くなるにつれ、トマトソース作りやセミドライトマト作り、オーブンで焼く、しっかり煮込む、とトマト料理の幅が広がったように思います。

セミドライトマトは、トマトを目の粗い角ざるをセットしたバットに並べて低温(九〇度くらい)のオーブンにそのまま入れ、大きさにもよりますが、一時間くらい焼きます。風がでるオーブンならスイッチを入れてください。ミニトマトは半分に切って、軽くつまんで種を落とし、まず下に向けて網の上に置きます。加熱すると表面が乾いてジュワジュワと汁が下に落ちるので、途中で裏返して焼くとセミドライトマトのできあがり(→photo p.118)。このトマトをオリーブオイルに漬け、軽く塩、好みでバジルも加えて保存します。

このセミドライトマトはパンの上にのせたり、煮込みに加えたりと出番も多く使えます。ほかにもサラダはもちろん、ゆで豆などとあえると、トマトの濃厚なうまみでとてもおいしいものです。

野菜を丸ごとオーブンや網の上で直接焼くという料理法も、イタリアで見たり食べたりして覚えたものです。バーベキューなどを除くと、野菜を丸ごと焼く(グリルする)という料理法は、それまで日本のレストランや料理本でも見たことがありませんでした。皮つきの玉ねぎや丸ごとのにんじん、かぶやキャベツ、かぼちゃなどグリルやオーブンで焼いてみたら、野菜の持つ自然の甘みが際立って、オリーブオイルと塩だけの味つけでとてもおいしいです。

丸ごと皮つきで焼くと美味なのは、玉ねぎ、トマト、にんじん、いも類、れんこん、とうもろこし、なすと枚挙にいとまがありません。

いまでは、直火焼きも当たり前の調理法ですが、とにかく野菜がたっぷりおいしく食べられるこの調理法は、家庭で簡単にできるのでおすすめです。焼いたあと、好きなたれやソースなど、和洋を問わず好みの味つけで食べられるのもうれしい点です。

丸ごとに火を入れる方法本来のおいしさがとじ込められて、野菜の味そのものを味わえます。こちらも、オリーブオイルや塩はもちろん、しょうゆやスパイスなどで各自がテーブルの上で自在に味つけしてどうぞ。

イタリアでは生、ドライ、缶詰めなどトマトをよく煮込み料理に使います。コトコトと二十～三十分ほど煮るとうまみ成分が出るのでよい味だしにもなります。

21

干し野菜はおいしい！
野菜が多く食べられ、独特の歯ごたえがたまりません。

毎日の食卓に野菜は欠かせませんが、全部使いきれずに残ってしまうことが多いのも野菜。それを冷蔵庫で古くしないうちに、なんとかおいしく食べられないものかと日ごろから考えていました。ゆでる、塩もみ、干すなど方法はいくつかあります。旅で訪れた南イタリアでは半生のセミドライのトマトに出会いました。太陽の下で少し乾かしたトマトです。

そのおいしさを知ったとき、「日本の干ししいたけや切り干し大根も、あそこまでカチンカチンに干さなくていいんじゃないかしら」と思いました。

半干しであれば水につけてもどす手間もなくすぐ料理できるし、なにより半干しであっても生で食べるよりかさが減るので、たくさんいただけます。そこでさっそく

「半干し野菜」を作ってみました。結果は大正解。切り干し大根や干ししいたけといった乾物はおなじみなので、徹底的に干さない「半干し」というのがどのような具合のものか、比較的イメージしやすかったのです。

手でさわるとしなっとして、中に多少水けがあるような、いわばやわらかい干しぶどうのような状態まで干すのがコツ。すぐに、ちょうどよいものができました。

厚みのある野菜は薄くスライスし、平たいかごや網に重ならないように並べて干します。市販の乾物と違って、切り方や形、厚みなどは、干し時間を加減すれば自由。干し時間は、日射しの強い夏は二〜三時間、冬なら一日近くを目安に、ほどよい半干し状態になるまで。干して水分を飛ばす方法なので、風通しのよいところに干します。湿気は禁物です。

しいたけや大根で成功したので、きゅうり、セロリ、にんじん、ごぼう、なす、トマト、ピーマン、キャベツ、玉ねぎ、じゃがいも、いんげんなども、次々に試してみました。

どれもそれぞれの味わいと歯触りがあって、半干し野菜独特の濃いおいしさが味わえます。

斜め薄切りにしたきゅうりとセロリの半干し野菜は、そのまましょうゆと酢少々をかけ、パラパラとかつお節をふれば、すぐ食べられるので調理するのも手間なしです。水けが少ない分、炒め物などは短時間で、シャキッとした仕上がりに。煮物も煮くずれの心配がなく、揚げ物では油があまり跳ねません。いずれも調理時間が短縮でき、調味料も少なめで味がつくといういいことばかり。なによりも野菜本来のうまみや甘みが際立って、干し野菜は今やすっかり暮らしに根づいています。

ただし、半干し野菜は長期保存には向きませんので、早く食べきることが大切です。完全に乾くまで干すと、長期保存ができます。大きな大根も手のひらにのるくらいかさが減ります。使うときは、水でしんなりするまで戻し、しっかりしぼってから調理します（→photo p.119）。

22

いろいろなきのこを合わせて料理した一品は、おいしさ保証つきのうえ、体調の調整役に。

きのこはそれぞれの種類によって独特のうまみがあります。いろいろなきのこを混ぜて用いると、一種類を料理するのでは味わえない、深いうまみが引き出されます。和風のだし汁で煮た「いろいろきのこのさっと煮」（→photo p.120）、スープ煮、にんにくと唐辛子で煮たパスタの具やアヒージョ（オリーブオイルとにんにくでエビやマッシュルームなどを煮込んだスペインの小皿料理）。きのこの季節に楽しみたい料理はたくさんあります。

きのこは体調や体重の調整役にもぴったり。繊維質の多いきのこはおいしくてお腹も満足するわりに、海藻やこんにゃくなどと肩を並べる低カロリー食品です。

きのこ類の取り合わせ方に規則はありませんが、ごく一般的な生しいたけやしめじなどに、歯ごたえのいいエリンギとかあわびたけなど、三〜四種類を組み合わせるとより楽しめると思います。それぞれをざるに並べて三時間ほど干したものを使うとより美味になります。

あわびたけはかつては栽培が難しく「幻のきのこ」と呼ばれたこともありましたが、最近では店頭でもよく見かけるようになりました。コリコリした歯触りが海の鮑《あわび》に似ていることからこの名がつけられたといいます。きのこ類は独特の風味やうまみ、歯ごたえなどが持ち味なので、加熱しすぎないように注意して料理します。

また、衣をつけたきのこをさっくり揚げた「いろいろきのこのフリット」もおすすめです。天ぷらほど衣作りに気を遣わなくてもよいですし、オリーブオイルを使うので軽い仕上がり。各種きのこの味わいも楽しく、塩とレモンだけでいただきます。この料理はセージもいっしょにフリットにして添えるとよく合い、素敵な秋の主菜になります。和風なら、いろいろなきのこを取り合わせたかき揚げも美味。大根おろしやポン酢でいただきます。

いろいろきのこのさっと煮　photo p.120

［材料］４人分
生しいたけ…12個
しめじ…大１パック（１５０ｇ）
まいたけ…１パック（１００ｇ）
あわびたけ…１パック（１００ｇ）
柚子…½〜１個
煮汁｛だし汁…2½〜3カップ（きのこがひたひたになる量）　しょうゆ…大さじ１　酒…大さじ３　塩…小さじ⅓｝

1 生しいたけとあわびたけは石づきを除き、笠に切り目を入れて二〜四つ割りにする。残りのきのこも石づきを除いて小房に分ける。
2 鍋に煮汁の材料を入れて煮立て、**1**のきのこ類を加えて、中火でしんなりするまで7〜8分煮る。
3 きのこを煮ている間に柚子をよく洗い、皮を薄くへぎ、細切りにする。
4 器に**2**を汁ごと盛り、柚子の汁をしぼり入れ、柚子の皮の細切りを天盛りにする。

いろいろきのこのフリット

［材料］４人分
まいたけ…１パック（１００g）
生しいたけ（肉厚のもの）…４個
エリンギ…大２本
しめじ…１パック（１００g）
衣｛薄力粉…１００g　ベーキングパウダー…小さじ１～１½　水…カップ½程度｝
セージ…１枝
揚げ油（オリーブオイル）…適宜
レモン…１個
塩…適宜

１　きのこ類はすべて石づきや根元を除き、食べやすい大きさに裂く。
２　ボウルに薄力粉とベーキングパウダーを入れ、水を加えながら少しトロッとする程度に混ぜて衣を作る。
３　揚げ油を中温（１７０～１８０度）に熱して、衣にきのこをくぐらせて揚げ、衣がカリッとしたら引きあげて、油をきる。

4 揚げ油の温度が低温（150～160度）に下がったら、セージに残りの衣をまぶし、カリッとなるまで揚げて油をきる。

5 器にきのこを盛って、セージを飾り、塩をふり、レモン汁をしぼって熱いうちにいただく。

＊きのこは大きめに裂く。ほかにも生マッシュルームやえのきだけ、松茸など好みのものを。

＊時間がないときは、衣を作る手間を省いて、きのこ類にデュラムセモリナ粉（パスタの生地に使用する硬質小麦の粉）または強力粉をまぶして揚げるだけでもおいしい。

23

納豆や油揚げは、冷凍保存でいつでも使えます。

食材の中には冷凍すると、味が変わってしまうものがあります。とくに水分や繊維質を多く含む野菜は、冷凍できません。きゅうりやレタスなどの水分が多い生野菜、れんこんやたけのこ、ふきなどの繊維質を多く含む野菜、豆腐やこんにゃくなどの野菜や豆の加工品などがそうです。こういった食材は、干す、ゆでる、炒めるなどして、水分を飛ばしてからであれば、冷凍も可能なものもあります。

一方、豆腐と同じ大豆加工品の納豆や油揚げは冷凍に向く食材なので、私は大いに利用しています。今では少なくなったしっかりした歯ごたえのある大粒の納豆が大好きなので、特注納豆をまとめて注文し、冷凍保存して使っています（→p.165）。三個パックの納豆なども一回で使いきれずに残った分は、フリーザーバッグに入れて冷凍しておきましょう。容器から取り出し、一回分ずつラップ材で包んでフリーザーバッグに入れておけば、冷凍室の場所もとりません。

解凍は冷蔵室か室温で。室温状態まで戻して解凍します。

納豆を炊きたての白米や玄米ご飯にのせたり、納豆だけを小さな焼きのりで巻いていただきますが、納豆を火にかける料理というのは私はしません。

かつては納豆のから揚げとか天ぷら、炒め物なども試みましたが、好みではなく、キムチ鍋に納豆を入れる場合も、煮込んでしまわず、熱くならないうちにさっと食べるほうが納豆の香りを楽しめます。

油揚げも冷凍保存しておくと、とても重宝します。肉の買いおきがなくても、油揚げは植物性のたんぱく質ですから、キャベツと炒める、青菜の煮浸しに混ぜる、うどんの具にするなど重宝します。

前もって油抜きをすると水けが入るので、買ってきたら、そのまますぐ冷凍します。細切りや角切りにしてから冷凍するのも便利です。生の油揚げは酸化が早く、冷蔵室での保存は三〜四日が限度ですが、冷凍保存なら一か月はもちます。容器や袋に冷凍した日付けの記入も忘れずに。

また、冷凍庫を使うときは、詰め込みすぎや、扉の頻繁な開け閉めは禁物です。庫内はきちんと管理することを心がけながら使うと、ものの出し入れもスムーズになります。

まず料理する場所が
あいていることが大切

せっかく台所に立っても、片づけから始めるのではやる気が損なわれる。きちんと片づけられた台所は作る気分を高めてくれる。(→ p.18)

きちんととった
だしは澄んだこはく色

淡い色のものは上品な味わいの「昆布とかつお節のだし」で、吸い物や茶碗蒸しに合う。濃いめのこはく色のだしはかつお節の血合い部分も入っただしで煮物などにも合う。(→ p.32)

冷凍保存しただしは鍋に入れ、弱火にかけて溶かす。氷の中心部分は水なので、全部溶けてから使うのがコツ。(→ p.169)

さっぱりご飯で食がすすむ「漬け物の細巻き」

細巻きずしの芯にする漬け物は、しば漬けに限らず、きゅうり、セロリ、にんじんの塩もみを用いても楽しめる。（→ p.43）

「いちごジャム」作り

(→ p.60)

1 いちごに砂糖をまぶし、
水分が出るまでおく。
2 汁を煮つめ、あくを除いて
ヘラで粒をつぶす。
3 とろりとしてきたら、
レモン汁を絞り入れる。
4 熱湯消毒した瓶に
すき間なく入れる。
5 ふたの部分を下に向けておくと、
簡単な脱気ができる。

1

朝食には
季節の手作りジャムを
楽しんで

パンと紅茶の朝食風景。季節のフレッシュフルーツや各季節ごとの手作りジャムが食卓をカラフルに彩る。(→ p.56)

4

2

5

3

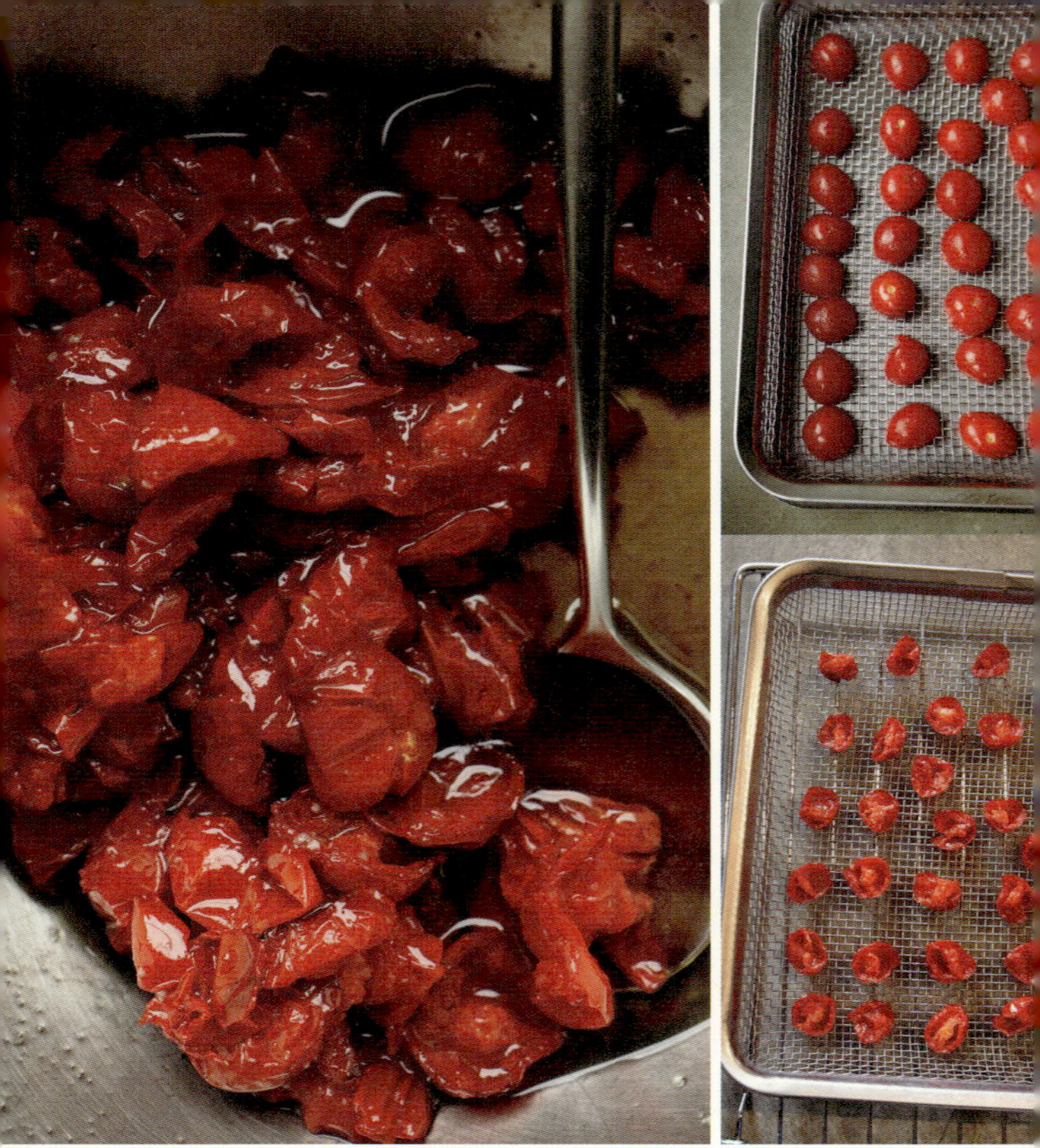

（右上）ミニトマトを半分に切り、切り口を下にしてバットにセットした網に並べる。（右下）途中で裏返しながら低温のオーブンで小一時間ほど焼いて取り出す。（左）軽く塩、こしょうをし、オリーブオイルに漬けてマリネしておく。

セミドライトマト作り

サラダはもちろん煮込み料理に加えたり、そのままパンの上にのせたりと、とてもおいしくて大活躍のセミドライトマト（→ p.98）

野菜がムダなく
たくさんとれる
干し野菜

大根やにんじんなどよいだしの出る野菜の皮は捨てずにベランダで干し、ビニール袋などに入れて保存。乾かしすぎても使う前に水で戻せば大丈夫。食べやすく切り、煮物や炒め物に。野菜は干すと縮むので、多く食べられる。(→ p.103)

いろいろきのこの料理は体調や体重の調整役

うまみたっぷりで食物繊維やビタミンDが豊富なきのこは、食べすぎた日の一品にどうぞ。歯触りの違う3～4種のきのこを組み合わせ、柚子の皮のせん切りなど香りものをたっぷりと添えて。（→ p.105）

保存性抜群でおいしさも増す
「酢締めあじのマリネ」(→p.141)

三枚におろしたあじはしっかり塩をしたあと、洗い流してバットに並べる。次にあじがかぶる程度に米酢を注ぎ、全体が白っぽくなるまでおく。

ヘルシーでおいしい
「メープルシロップを使ったたたきごぼうの煮物」
(→p.155)

メープル製品には、メープルシロップ（左2点）のほか、メープルバターとも呼ばれるメープルスプレッド（中2点）や粉状のメープルシュガー（右）などもある。

私の好きな
昔ながらの大粒納豆

いろいろな納豆の種類が揃っている「登喜和食品」の製品の中でも、大粒のわら苞《づと》入りや経木入りの納豆が好き。大粒でこりっとした歯ごたえが魅力です。(→ p.164)

生テンペに
はまっています

納豆と同じ大豆発酵食品でも納豆特有のにおいがないので誰もが食べやすい生テンペ。そのまま気軽に手で割ってどうぞ。口寂しいときや子どものおやつにもおすすめ。大豆テンペのほか、私は黒豆テンペも好き。(→ p.166)

きちんと作る
醗酵食品の代表格
「うちのお漬け物」

干した大根や赤かぶなどは、塩漬けしたあと、酒粕や麹で漬け直し、切り方もいろいろに変化させてその味わいの差を楽しみながら至福の時間をすごす。(→ p.218)

たくあん作りには塩、ぬか、麹、そして重しが大事な役割を果たす。葉は細かく刻み、納豆と混ぜると美味。

おいしいご飯のためには
いいお櫃が欲しい

一度水にくぐらせておいたお櫃に炊き上がったご飯をふわっと入れる。乾いたふきんをかぶせてお櫃のふたをする。しゃもじも前もって水にくぐらせて使うとご飯粒がつきにくく、洗うときにも楽。(→ p.197)

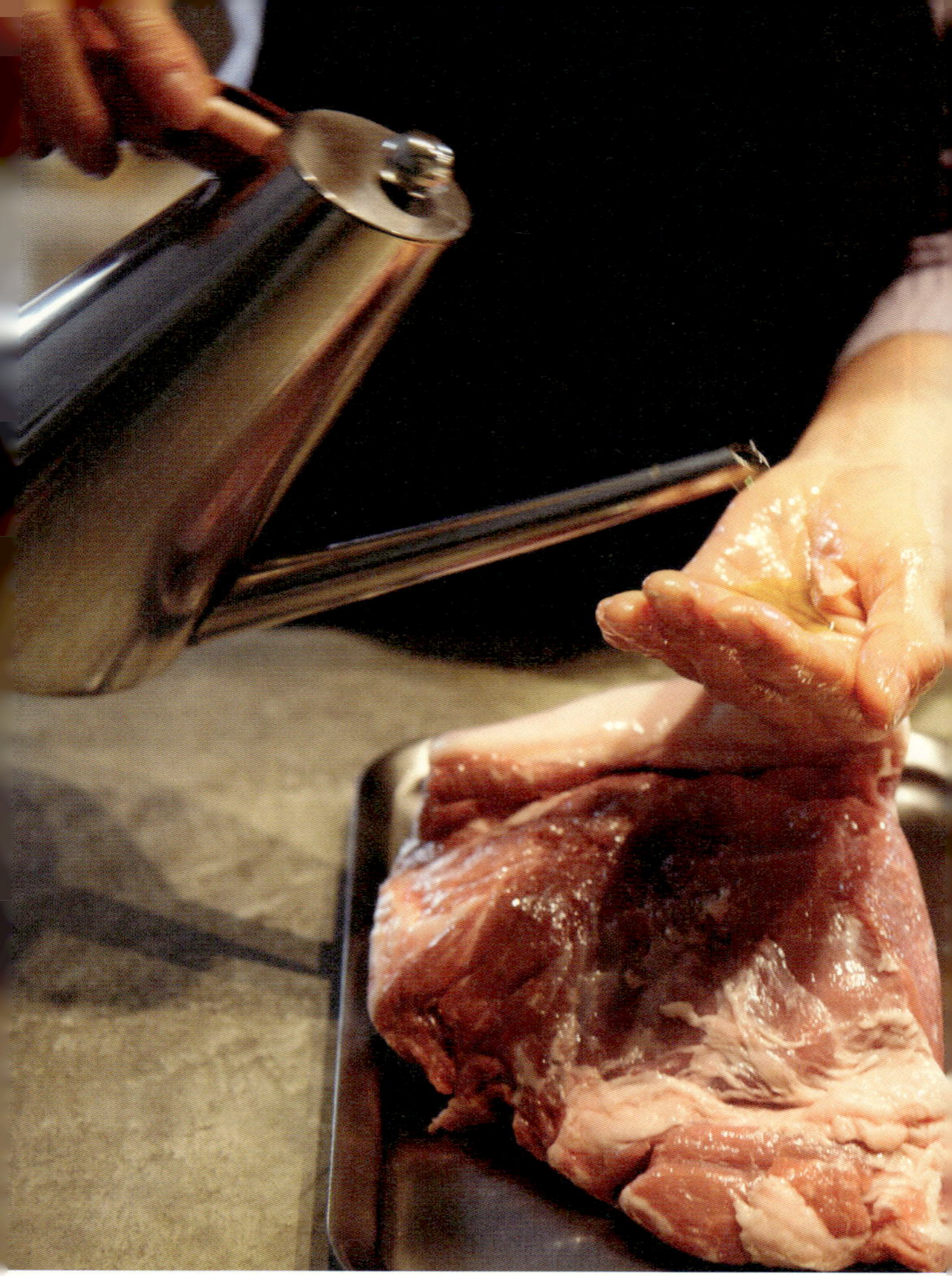

鍋に入れっ放しでできる「豚肉のロースト」は極上の味わい

豚塊肉に塩とオリーブオイルをすり込み、厚手の鍋に入れてガス火にかけ一度返す。その鍋にふたをしたまま弱火のオーブンに。2時間ほど入れっ放しにしておくとトロトロの「豚肉のロースト」のできあがり。ねぎ山椒や柚子こしょうなどを添えて。（→ p.208）

煮たりんごがあれば、いつでも作れる「ふじりんごのタルトタタン」(→p.242)

切り分けたりんご（皮つきや皮なし）を砂糖とレモン汁につけてから煮る。りんごと煮汁、パイ生地などに分けて冷凍保存しておくと、気軽にいつでもりんごのおやつ作りにとりかかれる。

煮りんごの入った鉄製フライパンの上にパイ生地をかぶせ、そのままオーブンで焼いて皿の上に返せば、タルトタタンのできあがり。

24

乾燥豆はまとめてゆでて冷凍保存。大豆はいり豆にすることも。

豆類には芽を出す力、生命力が詰まっています。それを丸ごと食べると、どんなにパワーがつくことか。良質なたんぱく質に加えて食物繊維も豊富ですから、お腹の中もすっきりというおまけ付きです。

とはいえ、乾燥豆はいつでも入手できますが、水につけて戻したり、長いことゆでたり、なんだか面倒くさそう……と敬遠されがちです。

豆好きな私は、思い立ったときにすぐ豆料理ができるように、乾燥豆を一袋全部まとめてゆでて、小分けにして冷凍保存しています。こうしておくと、豆料理を気楽にいろいろと楽しむことができます。

豆の種類は、日本なら大豆、黒豆、いんげん豆、えんどう豆、あずきなど、イタリアならレンズ豆、ひよこ豆、いんげん豆などとその土地でとれたものを使います。時間をかけて作るものですから、極力、良質なものを使うように心がけています。

ゆでるときの手順もここでご紹介しましょう。

①夕食の片づけが終わったあと、ボウルにたっぷりの水を張り、乾燥豆の一袋全部を入れます。とにかく、この日はそれだけすれば終了。

②一晩おいた豆をたっぷりの水といっしょに鍋に入れて強火にかけます。水は豆からゲンコツが一つ以上かぶる程度に足しましょう。大豆や黒豆、ひよこ豆はつけておいた水を使ってゆでますが、いんげん豆やあずきなどは、つけておいた水を捨て、新しい水を使います。

③煮立ったらあくを取り、弱火にして豆が踊らない程度の火加減でコトコトとゆでます。あずきは2~3回ゆでこぼします。

④食べてみて豆がやわらかくなっていたら火を止めます。大豆なら約一時間弱火にかけておくだけ。ほかの料理や家事をしながらでもできるので、意外に負担になりません。

⑤その日に食べた残りは200グラムくらいずつ小分けにし、ゆで汁もいっしょに

入れて冷凍保存します。

豆の料理というと五目豆やうずら豆の甘煮、あんなど、日本では甘く煮ることが多いもの。けれども、ヨーロッパでは、豆はとても大事にされ、スープ、パスタ、マリネ、サラダなど、幅広く料理に使われます。私もイタリアや中近東などの国々から、おいしい豆料理をたくさん学びました。

ゆでて保存しておけば、豆だけの料理はもちろん、「豆とえびのスープ」や「豆と卵の野菜サラダ」、「豆とベーコンの煮込み」などと、魅力的な素材との組み合わせもいろいろ考えられ、おかずとしての豆がますますたくさん食べられます。

さて、日本ではとくに大豆が身近ですし、たくさん食べるとよいといわれます。そんな大豆をまとめてゆでて冷凍しておく以外にも、まとめて作っておける保存法があり、豆好きにはおすすめです。

それは「いり豆」にしておく方法です。新豆の大豆なら十分ほど、よく乾燥している大豆なら三十分ほど水につけ、水けをよくきってから空鍋でいります。表面がきつね色になり、ところどころに焼き色がついたら終了。

これを保存容器に入れておけば、ご飯に炊き込んだり、甘みそ炒めにしてもおいしい。そのままポリポリ食べるのにもうってつけ。日もちしますから災害時の非常食にもなりますね。

また、ぬか漬けや干し野菜のしょうゆ漬けに入れても、だしが出ておいしくなります。甘辛に味つけしておやつにすれば、子どもは歯ごたえのよいものが好きですから、すばらしく健康的な子どものおやつにもなります。

25

小魚や海藻などの乾物は、最初に少し手をかけておくと活躍の場がとても広がります。

ちりめんじゃこやしらす干し、桜えびなど小魚類の乾物、ひじきやわかめなどの海藻類はいつも身近に欠かせないストック食材です。

こうした乾物はおいしくてしっかりした歯ごたえがあり、玄米ご飯との相性もいいので、どれも昔からよく用いる食材ですが、前もってほんの少し手をかけておくと、ますますその出番が多くなります。

とくに、じゃこやしらす干しはしっかり乾燥させた桜えびに比べて比較的いたみやすいので、まとめ買いして少し手をかけておくと長くもちますし、重宝します。

じゃこ（しらす干しも同様）は、酢漬けやオイル漬けにする方法と、炒めたり揚げたりする方法があります。「じゃこの酢漬け」はガラス瓶などの保存容器にじゃこを入れ、千鳥酢をひたひたに注ぐだけ。こうするとじゃこがいたまずに、その日から使えて冷蔵庫で一か月はもちます。

これを塩もみしたきゅうりや小松菜、セロリなどの野菜とあえる、大根おろしに加えておろしあえにするなどでヘルシーな一品に。また、ご飯にじゃこの酢漬け、甘酢しょうがや青じそのせん切り、ごまなどを加えてさっくりと混ぜると、さっぱりとしたすし飯風に仕上がります。

「しらす干しのオイル漬け」や「じゃこのオイル漬け」は同様にオリーブオイルに漬けておきます。ガラス瓶などの保存容器にしらす干しやじゃこを入れ、オイルをひたひたになるまで注ぎます。オリーブオイルは必ずエキストラバージンオイルを選びます。いたまないように塩を少々加えることも忘れずに。私はさらににんにくや赤唐辛子、あればパセリもみじん切りにして加えます。

バゲットをカリッと焼いて、このオイル漬けをのせていただいても、パスタにあえてもおいしいもの。また、玄米ご飯にもよく合うので、炊きたての玄米ご飯の友としてもいいのです。

主食だけではなく、春はゆでた菜の花とあえたり、夏はトマトはもちろん、焼いたなす、かぼちゃ、ズッキーニとも好相性。秋ならば、きのことといっしょに炒めたり、冬は大根の薄切りにカナッペ風にのせてもおいしいものです。「揚げじゃこ」にしておくのもカリッと香ばしく、相棒の食材までおいしく感じます。

やわらかいちりめんじゃこは、水分が多いためにいたみやすい食材です。カリッと揚げる、炒めるなどの方法は、おいしさを長もちさせる保存法としておすすめです。「揚げじゃこ」は、玄米ご飯やおそばに混ぜたり、豆腐にのせたり、サラダに散らしたりと、どれも美味です。

良質の油（オリーブオイル、ごま油など）を揚げ鍋で一八〇度前後の高温に熱し、そこへじゃこを一気に入れてカリッとなるまで揚げます。全体にきつね色に色づいたら揚げ網にのせて油をきり、熱いうちに塩少々をふります。冷めたら保存容器に入れ、冷蔵庫でストックしておけば重宝します。炒めるときは、カリッとするまでじっくりと。

乾燥ひじきなどの乾物も、そのたびごとに水で戻して調味して、となると、棚の中に使いかけの袋が見捨てられたように残ってしまうのが気になります。

そこで、一袋まとめて戻してシンプルに酒、みりん、しょうゆで汁けがなくなるまで煮ておくことにしています。この「ひじきのシンプル煮」は、やや濃いめに味をつけておくのがコツ。こうしておくと日もちがしますし、あとで野菜や豆などの具を足すとちょうどよい味になるからです。煮えたらすぐにバットなどに広げて冷まし、容器に移し、ふたをして保存します。小分けにして冷凍も可能。お弁当やちょっとしたおかずに便利です。

ひじきのシンプル煮は冷蔵保存で一週間くらいはもちますし、いろんな料理に展開ができます。炊きたての白米や玄米に混ぜるシンプルなひじきご飯もおいしいですし、さらに納豆とかじゃこ、ごまを混ぜてご飯にのせたり、ゆでたにんじん、いんげん、糸こんにゃくやあぶった油揚げなどを混ぜた「ひじきの五目あえ」などにしても彩りよく、ヘルシーな一品になります。味をみて、最後に塩を足したり、しっかり水きりした豆腐と混ぜて「五目白あえ」にしたり、自由自在に楽しんでください。

また、ひじきというと和風料理にと思いがちですが、「ひじき入りオムレツ」や「ひじきのサラダ」、にんにく、赤唐辛子、アンチョビで作る「ひじきのパスタ」にしても美味。

サラダはボウルに好みの野菜とひじきのシンプル煮を入れ、レモン汁とオリーブオイルをかけるだけでできあがり、このうえなく簡単です。

また私は、わかめも酢の物や汁物に限らず、炒め物にもよく使います。にんにくと赤唐辛子を入れ、オリーブオイルで炒めていただくのがとくに好き。味つけはしょうゆでも塩でもお好みで。大量のわかめが食べられて飽きないし、とてもおいしいのでおすすめです。

ひじきのシンプル煮

［材料］作りやすい分量
乾燥ひじき（長ひじき）…60g
ごま油…大さじ2
酒・みりん…各大さじ2
しょうゆ…大さじ4～5

1 大きめのボウルにたっぷりの水と乾燥ひじきを入れて砂やごみを流し、ざるに取る。これをかぶる程度の水に15～20分つけ、食べやすい長さに切る。
2 フライパンを熱してごま油を入れ、水けをきった**1**のひじきを炒める。
3 酒とみりんを入れてアルコール分を飛ばし、しょうゆを加えて中火で手早く汁けがなくなるまで炒め煮にする。
4 冷めてから保存容器に入れ、冷蔵保存する。

26

青背の魚が好き。ちょっとした工夫で食卓への出番が格段にふえます。

魚の中では青背の魚がとくに好き。日々食卓に上るのは、さんま、いわし、あじ、さば、かつおなどの青背の魚。これらの魚は旬もはっきりしているので季節ごとの楽しみですし、脂がのった旬のものは本当においしいと思います。

ただし、青背の魚には、ほかの魚より少しばかりいたみやすいという弱点がありま す。安価だからとうっかりいたみかかったものを買ってしまわないように、店頭では、「目と腹をよく見て買う」のがポイント。目は澄んでいて黒目がはっきりしたものを、腹はかたく締まっているものが新鮮です。一尾魚は内臓からいたみはじめるので、帰宅後すぐ、冷蔵庫に入れる前に内臓を取り除いておくと鮮度の保ち方が違います。

さて、新鮮な青背魚が手に入ったら、なにを作りましょうか。刺身、塩焼き、もう少し手をかけるなら煮魚、酢締めなどが挙がるのではないでしょうか。

塩をしないで焼くのも一つの方法。そのままグリルなどで素焼きにし、そのあと、焼きたての魚をたれにジュッとつける青背魚の「ごま酢じょうゆ漬け」は作って二～三日楽しめます。「にんにくじょうゆ漬け」も美味。「しょうがじょうゆ漬け」でも「柚子じょうゆ漬け」でもＯＫです。

いわし4尾を漬けるなら、しょうゆ大さじ2とおろしにんにく適量を混ぜたものが「にんにくじょうゆ」です。とても簡単でしょう。私はこれにたっぷりの大根おろしとちぎり青じそをのせていただきますが、脂ののった魚、さっぱりおろし、しその香りのハーモニーはいつ食べてもよいものです。

煮魚にするときは、基本の煮汁を決めておいて、それを加減して使うと気軽です。基本の煮汁は、酒、しょうゆ、みりん、水を同じ割合（つまり同じ分量）で。いわしやさんまなどの青背の魚なら、しょうゆとみりんをやや多めに、かれいやたいなどの白身魚なら、しょうゆとみりんはやや控えめにと覚えておきましょう。

さらに基本の煮汁で、青背の魚を煮るときに（四人分で酒、しょうゆ、みりん、水を各二分の一カップずつ混ぜた煮汁）、カレー粉大さじ3をとき入れて、「青背魚のカレー煮」にすれば人気のレシピに。青背の魚独特の臭みも消え、みんなが大好きな煮魚になります。

また、さばやあじは酢締めにすると長もちするうえにおいしさも増し、いろいろに使い回せるので、時間があるときに作っておくとなかなか重宝する主菜になります。まとめて作った締めさばは、最初はそのままいただいたり、さば寿司にしたりしますが、そのまま焼いて「焼き締めさば」にしても酸味が落ちついて、おいしくいただけます。

酢締めのあじも同様ですが、イタリア風にオリーブオイルとレモン汁で「酢締めあじのマリネ」にするのもおすすめ。白ワインによく合う前菜になります。

既成概念にとらわれることなく、調理法をかけ算したりひき算したりして試してみると、料理することが楽しくなってきます。基本を覚えたら冒険する心は欠かせませんね。

いわしやさんまも塩焼きばかりでなく、ときにはフライパン一つでできるイタリア風の「さんまとトマトのオリーブオイル焼き」に。フライパンにふたをして、さんまと同時にミニトマトを蒸し焼きにします。器に盛ったとき、このトマトをつぶしてレモン汁を注ぎ混ぜ、これを焼いたさんまにソースのようにまぶしていただくのがとてもラフで新鮮です。

酢締めあじのマリネ　photo p.121

［材料］作りやすい分量

あじ（3枚におろしたもの）…4尾分

塩…適量

米酢…1½カップ

マリネ液｛オリーブオイル…大さじ4　レモン汁…大さじ2　グリーンペッパー（こしょう、または粒こしょうを酢につけてやわらかくしたもの）…適量　ハーブ（イタリアンパセリやあさつきなどを刻んだもの）…適量　赤唐辛子（種を除いてちぎったもの）…1～2本｝

1 おろしたあじはざるに並べ、両面に塩を多めにふって冷蔵庫に1時間ほどおく。

2 流水であじの塩を洗い流し、水けをふいて骨をていねいに除く。

3 **2**のあじをバットなどに重ならないように並べ、あじがかぶる程度に米酢を注ぐ。

4 全体が白っぽくなったら皮を引き、1枚を3切れ程度のそぎ切りにしてマリネ液を注ぐ。

*マリネ液を注いだあじはすぐ食べることもできるし、そのまま漬け込んで保存も可能。

さんまとトマトのオリーブオイル焼き

［材料］ 2人分
さんま… 2尾
ミニトマト… 10個
にんにく… 1片
オリーブオイル… 大さじ1
塩… 小さじ1
こしょう… 少々
レモン汁… 適量

1 さんまはフライパンに入る長さに切り、塩、こしょうをまぶす。にんにくは包丁の腹をあててつぶす。
2 フライパンにオイルとにんにくを入れて熱し、香りがたったらさんまの両面を焼く。
3 フライパンのあいた部分にミニトマトを入れ、ふたをして蒸し焼きにする。
4 器に盛り、トマトをつぶしてレモン汁を加え、ソースのようにさんまにからめていただく。

27

肉料理は部位の選び方と料理の仕方でよくも悪くもなります。

どんなに野菜好きの私でも、毎日毎日、野菜の料理ばかりが続くと、おいしい肉料理が食べたくなります。

そんなときは量こそ少なくても本当においしいと思えるものを食べたいものです。豚肉は脂身を落として食べなさいとよくいわれますが、おいしい豚肉なら脂身もおいしいもの。おいしい豚ばら肉は、白菜やキャベツと料理するととても美味。それに限らず、さまざまな形の料理ができますし、求めやすいので重宝します。

少し前に、医師の横山淳一先生と共著で、『糖尿病レシピ』(筑摩書房刊)という本を出しました。糖尿病の患者さんの食事というと味気なく、家族の中でひとりだけ病人食を食べるのは寂しいと思ってましたが、考え違いでした。血糖値に配慮した食事は家族全員が楽しめる健康食であることを知り、先入観が吹き飛ぶ思いがしました。とくに驚いたのが肉の食べ方で、なるほどと腑に落ちることがたくさんありました。肉料理などは糖尿病の患者さんにはタブーだと思っていましたが、横山先生は「そうではありません」と断言なさいます。骨つきの新鮮な赤身を使った肉料理は糖尿病の患者さんにもおすすめでき、ときにはビーフステーキを味わうのもよいと伺い、最初はびっくりしました。先生は、病気の方でも楽しくて満足感の得られる食事をすることを大切になさっていて、そのために料理の仕方や素材の選び方について正しい知識を持つことの意義を説かれています。

トスカーナ名物の「ビステッカ・アッラ・フィオレンティーナ（フィレンツェ風ビフテキ）」は、私がたまに「おいしい肉料理を！」と思ったときにぴったりの料理ですが、このちょっとぜいたくな骨つきのビーフステーキは糖尿病レシピとしてもとてもよいのだとか。

先生によると、しっかりした嚙みごたえのある骨つき牛肉を網焼きにして脂分を落とし、卓上で少量の塩をつけて食べれば、たっぷりのしょうゆや砂糖を入れて煮る、さしの入った牛肉のすき焼きよりも、血糖値の上昇は格段に抑えられるのだとか。そのうえ、肉そのもののおいしさがダイレクトに味わえて満足感があります。

牛肉に限らず、鶏肉や羊肉も骨の近くがとくに滋味深くておいしいのに加え、骨がついていると肉の量のわりに「肉を食べた感」が得られるので、おすすめなのだそうです。

日本の牛肉はこれまで、霜降りの肉が好まれ、肉汁や脂分を逃さない料理がよしとされてきました。ところが、この霜降りとはすなわち脂なので、太りすぎで筋肉の中にも脂が入り込んだ、いわばおデブの肉。こうした肉を食べすぎると、当然自分の体も牛と同じような状態になりますよ、と横山先生は警告しています。

そういえば、イタリアの肉料理には子牛肉や子羊肉（ラム）といった低エネルギーの若い肉がよく使われ、どの肉もジューージューと脂を落としながら網で焼く調理法が圧倒的に多いのです。

魚の脂は積極的にとるのがよいのとは対照的に、牛肉の脂はできるだけ落とすのが、健康食やダイエット食にもつながるよい調理法なのですね。

28

香りたつレモン、すだち、柚子などの柑橘果汁を料理に使い、ひと味アップします。

レモン、ライム、すだち、かぼす、柚子など、旬の時季の柑橘類をしぼって、さわやかな酸味を楽しみます。

これはまさに「天然の酢」。ビタミンCがたっぷりで香りも豊か。大根おろしなどにたっぷりとしぼると、しょうゆの量を控えめにしても充分おいしいもの。さんまにすだち汁、かきにレモン汁、鍋料理に自家製の柚子ポン酢など、おいしく食べるためになくてはならないアイテムです。

ほかにも、すし酢や酢の物、サラダのドレッシング、マリネ液、お菓子作りなどにも柑橘果汁を使えば、おいしさアップはもちろんですが、体調もよくなるようです。

もう一つ、柑橘類に含まれるクエン酸には、魚介や肉などに含まれる、本来、吸収が悪いカルシウムなどのミネラル分を体に取り込みやすくする「キレート作用」があります。その結果、体質はアルカリ性に保たれ、疲労も回復します。柑橘果汁はそのおいしさを引きたてるだけでなく、栄養的にも、すばらしい役割を果たしているわけです。

柑橘類は皮がしっかり張って、色のはっきりしているものを選ぶのがコツ。ほかの果物と違って果皮に精油が多く含まれ、これがよい香りを生むので、無農薬で安全性が確かなものなら、皮を刻んだり、おろし器などですりおろして使うのも効果的。

また、レモン汁をしぼるときは、皮を裏返すような勢いでしぼります。香りが断然違います。

29

にんにくや赤唐辛子はほぼ毎日、しょうが、ねぎ、香草類《ハーブ》も頻繁に食卓に登場します。

にんにく、赤唐辛子、さまざまなハーブや香味野菜――料理をピリッと引き締めたり、香りを添えて奥行きを出してくれたり、おいしさに欠かせないこれらの薬味用の野菜はいろいろな形で毎日食卓に上ります。

わが家ではにんにくと赤唐辛子が登場しない日はないかもしれません。この二つはイタリア料理のためだけに使うのではなく、少しアジアの香りのする料理を作るときはもちろん、「こんにゃくやごぼうの炒め物」や「大根と鶏肉の煮物」のような和風料理など、ふつうのご飯のおかずにも用います。

また、私はしょうがやしそ、ねぎ、ハーブなどを、驚かれるほど多く使うことがあります。白髪ねぎや細く切ったしそやしょうがも、こんもりとたっぷり盛りつけて、その香りを存分に楽しみます。その量は、たとえば、魚の切り身一切れに小口切りのねぎを三分の一本分と、たっぷりの大根おろしといった具合です。

これらの香味野菜やハーブが加わるだけで、なんともいえない香りのよさや心地いい辛みが口いっぱいに広がるので、私は本当に好きです。料理を格別のおいしさに引き上げてくれるばかりでなく、塩分を控えられたり、疲労回復ができたりと、健康によいというおまけがついてきます。また季節感を添えたり、昔から知られているように生ものに対する殺菌作用もあったり、得るところの多い食材たちです。

30

仕事を通してより深く知ったメープルシロップ。思わぬ効用にも驚いています。

かつてホットケーキやワッフルにかける甘味料にすぎなかったメープルシロップが今、その味わいやヘルシーさから、幅広く使われるようになってきています。私の台所でも、デザートはもちろん甘味料として広くお料理全般にも使うようになり、大きなボトルを求め、手離せない調味料になっています。

もともとメープルシロップ好きでしたが、それほど詳しく知ることもない私が、カナダの「ケベック・メープル製品生産者協会」からメープル大使とでもいうようなお仕事の依頼をいただきました。調べてみると、カナダのメープルシロップは一〇〇パーセント樹液から採った本物だとわかったので、喜んでお引き受けしました。もしもなにか少しでも添加物が入っているようであれば、お断わりしていたでしょう。

このご縁で、メープルシロップの生産を現地で見学したり、メープルシロップを日々たくさん使うケベックの料理を体験しました。もともとメープルシロップは砂糖に比べてさまざまなミネラルやビタミン類を多く含むのに、カロリーは砂糖より低いと聞いていましたが、東京大学の研究で、さらにメープルシロップには生活習慣病と密接にかかわる肝機能保護効果があるとわかったそう。おいしくて、体にもよい甘味料です。

メープルシロップというのは、カエデ（メープル）の樹液を煮つめたもの。サトウカエデの広大な原生林のある北米がおもな産地です。生産量の八割以上がカナダ産であり、とくにケベック州産のものは質が高いと聞きます。

シュガーブッシュと呼ばれるサトウカエデの原生林から樹液が採取できるのは、春先のわずか二十日間ほど。雪解け水が流れ出すころ、ほのかな糖分（三パーセント）を含んだ澄んだ水のようなカエデの樹液、メープルウォーターが樹上から根に向かって下りはじめます。そこで、樹木に穴をあけて採取口を取りつけ、流れ出るメープルウォーターを集めて、シュガーブッシュの中にある砂糖小屋に運びます。ここで時間をかけて高温で煮つめていくとメープルシロップができあがるわけですが、40リットルの樹液からできるシロップはわずか1リットルにすぎません。まさに自然の恵みのエキスです。

確かにメープルシロップは砂糖に比べると少し高価ですが、添加物なしの天然素材一〇〇パーセントの甘味料ですから、それも納得がゆきます。日本では、コーンシロップにメープルの風味や香りをつけたケーキシロップなども安価で出ていますが、これはまったく別物。必ず購入時にはラベル表示の確認を。

メープルシロップの本場カナダでは、食卓のいろいろなシーンに登場します。ハムや卵料理、たとえばオムレツなどにも用いられますが、その量が並みではありません。「あっ!」と思う間もなく、お皿からあふれそうなくらいかけていたので驚きました。

ほかにも鴨肉やいのししの肉など、肉料理にもよく使われます。ハムをメープルシロップでマリネして、メープルのウッドでスモークするのは、ケベックの人たちのお気に入り。

わが家でも、朝からメープルシロップを、使っています。朝食のトーストやヨーグルトにそのままかけたり、プレーンヨーグルト、メープルシロップ、レモン汁を混ぜた甘酸っぱいソースをカットフルーツにかけるのが大好きです。

メープルシロップは、樹液の採取時季によって、エキストラライト、ライト、ミディアム、アンバーの四つに分類されていますが、それぞれを使い分けることが大切です。

薄い色のエキストラライトは、もっとも早い時期に採られた樹液で作られたメープルシロップ。とてもデリケートな香りで、軽い甘みが特徴です。

和食には、エキストラライト・メープルシロップがおすすめです。デリケートな味わいなので、しょうゆやみその味や香りをじゃませず、上品に甘味をつけたいときにうってつけです。

甘酢は、砂糖ではなく米酢の三分の一の量のエキストラライト・メープルシロップと塩適量を混ぜて作ります。

また、みそとメープルシロップを三対一の割合で混ぜたみそ床に、肉または魚を一晩ほど漬け込んでみてください。みそを落としてこんがり焼くと、プロ顔負けのまろやかな自家製みそ漬けがいただけます。

しょうゆとの相性もいいので、一五五ページにあるような、甘みにメープルシロップを使ったヘルシーな「めんつゆ」を作っておくと、めん料理はもちろん、野菜の煮物なども手早くおいしく作れて重宝しています。

調味料としてのエキストラライト・メープルシロップは、やわらかい上品な甘みが魅力です。砂糖とは違い、酢などに入れるときも溶けやすく、分量の調節がしやすいのもよいところですね。また、栄養学的にもビタミンB類や多彩なミネラル分をたっぷり含んでいるのに、100グラム当たりのカロリーは白砂糖より三割も少ないのだそうです。

最後にメープルシロップのボトルをいつまでもフレッシュな味わいのまま楽しむための保存法に触れておきます。

・未開封のボトル（しっかりふたが閉まっているか要確認）は室温保存でOK。

・酸化防止剤を使っていないので、開封後はカビなどが生えないように冷蔵か冷凍保存で。

・開封後、使いきるのに一～三か月かかる場合は小分けにして冷凍保存を。瓶のラベルに種類が記されていますのでよく見て選ぶといいですね。

メープルシロップを使ったたたきごぼうの煮物　photo p. 122

［材料］４人分

ごぼう（正味）…３８０g

めんつゆ｛だし汁…½カップ　メープルシロップ（エキストラライト）…大さじ1½　しょうゆ…大さじ1⅔　酒…大さじ2｝

赤唐辛子…１本

1 鍋にめんつゆの材料を入れて煮立たせる。

2 ごぼうはたわしでこすり洗いし、包丁の背やすりこぎなどでたたいてから食べやすい長さに切る。

3 赤唐辛子は種を除いてからちぎる。

4 **1**の鍋にごぼうと赤唐辛子を入れ、ほぼ汁けがなくなるまでいり煮にする。

＊ふつうの煮物にメープルシロップを使う場合は「ミディアム」でいいが、この料理では香り高いだし汁の風味を生かす繊細な香りの「エキストラライト」を使いたい。

メープルシロップを使った鮭の照り焼き

［材料］ ４人分
生鮭（身の厚いもの）… ４切れ
漬けだれ｛メープルシロップ… ¼カップ　しょうゆ… ⅓カップ｝
みょうがの甘酢漬け… 適量

1 生鮭は食べやすいように1切れを2つに切る。
2 バットに漬けだれの材料を混ぜ合わせて**1**を加え、ときどき返しながら30分以上おく。
3 オーブンの網に**2**の鮭の皮目を上にして並べ、上段にセットする。焼き汁の受け皿として下段に天板をセットし、２００度で10分ほど焼いて中まで火を通す。
4 器に盛り、焼き汁を回しかけ、付け合わせとしてみょうがの甘酢漬けなどを添える。

＊漬けだれにメープルシロップを使うと、すっきりとした甘さに仕上がる。
＊漬けだれに漬けた生鮭は、魚焼きグリルで焼いてもよい。

31

油はダイエットの敵ではありません。質のよいものを正しく使えば健康と美容の強い味方です。

わが家の油はオリーブオイルとごま油の二種類です。

できればその製造過程を見学し、自分の目で確かめたものを使いたいと思っている私が常備しているのは、昔ながらの手間ひまかけた作り方にこだわっている「玉締めごま油」（東京・中落合）と、誠意のある製造方法で作られ、その味に魅せられた「MARFUGA（マルフーガ）エキストラバージンオリーブオイル」（イタリア・ウンブリア州）です。

オリーブオイルは油性の成分を含むオリーブの実をつぶし、その汁から水分を取り除いたものです。ですから一〇〇パーセント天然のまさにジュースです。オリーブの実は摘みとられてから二十四時間以内にしぼられます。このスピードも大切で、摘果から搾油まで極力短時間で、なるべく空気にさらすことなく作られます。搾油の課程は、一切の熱も加えないコールドプレスです。オリーブオイルは、酸化度が低いものほど良質で、ポリフェノール値が高いといわれています。丸ごとの果実から作られるオリーブオイルには皮や種の成分も溶け込んでいますから、油脂でありながらさまざまな抗酸化物質を含んでいるというのもよい点です。

ちなみに、コーン油、紅花（サフラワー）油、綿実油、ひまわり（サンフラワー）油などはすべて「種子」からとれる油です。種子は生で圧搾するだけでは油をとることができないので、加熱されます。

オリーブオイルを選ぶなら、混じりけなしの「エキストラバージンオイル」に限ります。そのまま生で料理にかけても、加熱しても使えます。けれども加熱料理向きとして売られている「ピュアオリーブオイル」や単に「オリーブオイル」として売られているものには要注意です。これらには化学溶剤を入れて加熱してしぼったものもあるようです。ラベルをよく見て購入しましょう。オリーブオイルの品質を見極めるためには、エキストラバージンオイルかどうか、また賞味期限も必ず確認したいポイントです。

さて、わが家のもう一つの常備油である玉締めごま油についても説明しておきましょう。ごま油は種子からしぼられます。玉締めとは昔から伝わる圧搾法で、いっさい化学的な処理をしない方法です。油そのもののおいしさに加え、安心でヘルシーな油であるので納得して使っています。

ごま油にはごまを焙ってからしぼった茶色の「焙煎《ばいせん》ごま油」と、生のましぼった透明の「太白《たいはく》ごま油」があります。焙煎ごま油は香ばしく香りが強いのでおもに和風や中華の料理に香りをそえ、太白ごま油は透明で香りもマイルドですからサラダ油と同じようにどんな料理にも使えます。

ごま油は和風料理や中華料理に合うもの、オリーブオイルはイタリアンなど洋風料理に使うものと決めつけることはありません。それぞれの特徴を生かし、自由に使ってみると料理の幅がぐんと広がります。

オリーブオイルの使い方でまず試したいのは生で使うことです。一番搾りの油である「エキストラバージンオイル」なら、生でオリーブの実の豊かな風味と香りを生かした調味料として使ってみましょう。

サラダやマリネなど加熱しない料理に混ぜたり、パスタやグリルした白身魚、ゆで豆などにかけたり。単なる油というより調味料として、香りや味や辛みやコクなどを存分に味わってください。良質のオリーブオイルがあればほかの調味料を減らすことができますし、塩分も控えられます。

とくに野菜好きの私にとってうれしいのは、オリーブオイルと野菜はとても相性がいいことです。オリーブオイルを弱火にかけてにんにくの香りを移し、野菜を入れて火を通すと、あとは軽い塩味ですばらしいおいしさ。野菜のもつ自然なうまみを引き出してくれるので、この調理法ですとおのずと野菜や海藻もたくさん食べられます。

さらに、オリーブオイルは意外にも和の食材や料理によく合います。みそやしょうゆといっしょに使ってもいいですし、刺身や野菜のお浸しにかけてもおいしいです。冷や奴にわさびをのせ、オリーブオイルと塩少々をかけるとか、生ゆばにオリーブオイルをかけ、塩少々をつけていただくなどは、私の好きな食べ方です。

また、肉や魚、野菜やきのこなどを焼くとき、表面にオリーブオイルをぬって焼くと、素材に直火が当たるのを防ぐため水分が奪われず仕上げることができます。さらに、オリーブオイルを揚げ油に使うと、食材や衣への吸収率が低いのでカラッと揚がります。

このようにいいことずくめのオリーブオイルですが、カロリーはありますので、とりすぎには気をつけます。

また、オリーブオイルは他の植物油に比べて、加熱による物理的・化学的変化が少なく、酸化も起こりにくい油だといわれていますが、油から煙が上がるような強火での調理は避けましょう。オリーブオイルの持ち味である香りや風味が飛び、味が落ち、せっかくの上質なオイルが、もったいないことになります。

オリーブオイル、ごま油ともに、質のよい油であれば、油が汚れにくいものから揚げていけば何回か使用できます。酸化しにくい油だからです。とはいえ、少しでも酸化を防ぐため、使用後は油が熱いうちに漉すのがコツ。

サラダ油ですと何回か使うのは難しいです。その油がまだ使えるかどうかは、見た目でもわかります。油に透明感があり、重たさが感じられないものは、まだ使える油です。

一般的に油は酸化しやすく、空気に触れたり光に当たるといたみやすくなります。開封後はしっかり密閉し、冷暗所に保管し、なるべく早く使いきることを心がけましょう。

32

誠実な食品を作り続ける生産者から学ぶことの多さに驚いています。

長く使っている食材や調味料の生産者の方がたのもとをときどきお訪ねします。そうして訪問して歩いた作り手さんたちのことは、『料理は食材探しから』(東京書籍刊)にまとめました。現場にうかがうと、ますます信頼関係が強くなり、食材を大切に使おうという気持ちも強くなります。

私は大の納豆好きですが、あるとき昔ながらのわら苞《づと》に入った本当の納豆がほしくて探していました。今の流行は小粒でやわらかいものですが、私は昔よくあったような大粒でむっちりとした歯ごたえのあるものが好きで、それがほしかったのです。探していたものに近い納豆をあるお店で見つけることができました。

その納豆を作っている東京都府中市にある「登喜和食品」を、念願かなってお訪ねすることができました。

実際に訪問して、なにより強く感じたのは、作っている方たちがみんな元気そのものだということです。会社には女性陣が多く、みなさまの顔の色つやがすばらしい。はきはきした声で、どなたも元気にあふれている、とても気持ちのよい方たちが、この納豆を作っていたのです。

こういう方たちが作っている納豆なら信頼できると思った私は、それ以来、わら苞入りや経木入りの納豆をまとめて作っていただき、いつも欠かさないようにして楽しんでいます。

製品というものは、有名無名にかかわらず、作る人が表れ出るものだと思います。ですからどんな人が作っているかはとても大切です。お会いしてお話ししてみると製品が次第に見えてきます。

登喜和食品の遊作誠社長もその例にたがわない方でした。納豆作り六十余年という二代目の遊作氏は、「国産の大豆を使うことによって日本の農業を応援していきたいし、日本の文化を残していきたい」という決心のもと、地道に働く農家の方たちとがっちり手を組んで、安心、安全の納豆作りを目指しています。そのためには多様な研究も欠かせません。

私がその昔、登喜和食品のわら苞納豆よりさらに大粒の納豆を食べていて、懐かしいというお話をすると、なんと快く大粒納豆を作ってくださることになりました。この納豆は豆の味がしっかり舌に残り、しょうゆや辛子も不要なほど。むしろ塩だけで食べるほうがよりおいしさがわかります。

さらに、納豆と同じ大豆発酵食品として遊作氏に紹介されたのは「生てんぺ」(→photo p.123) です。

インドネシアでは、ハイビスカスの葉の表面についているテンペ菌をゆでた大豆にふりかけ、それをバナナの葉で包んで発酵させたテンペという食品を伝統食として常食にしてきた歴史があります。全体が白い菌糸で覆われている外見は「カマンベールチーズ」に似ていることから、「大豆のカマンベールチーズ」ともよばれているそうです。

テンペは大豆の発酵食品ですが、納豆のように糸を引いたり、独特のにおいがあるわけではないので、納豆嫌いの人にもおすすめです。

口に含むと大豆そのもののおいしさが感じられ、そのまま生でも、煮物や炒め物に入れても、揚げ物にしてもよいとのこと。さらに、よくもみほぐしてパウンドケーキ生地に入れて焼いたり、ざく切りにしてホットケーキミックスに混ぜて焼いてもおいしいそうです。

家に帰り、さっそく「生てんぺ」を包丁でスライスして食べてみました。歯ごたえがあって、なかなかおいしいものでした。包丁を使わなくても手で簡単に割れることがわかり、ちょっと口寂しいときにつまみ食いするにはもってこいです。

「生てんぺ」のほか、黒豆の「黒生てんぺ」、フリーズドライさせたテンペをチョコレートでコーティングした「大豆テンペチョコ」というのもあり、私のお取り寄せ納豆の仲間に加わりました。

「食べ物というのは命を預かるものなので、その中に愛情が注がれているかどうかが問題。儲かればそれでいいというものではありません」というのが経営者である遊作氏の考え方です。今、遊作氏がいちばん憂慮しているのが、現代の子どもたちの食生活だそうです。それを変えていくためには、まず学校給食を変えていかなくては、と誠心誠意尽力されています。

子どもたちの食事の状況をよくすることが先決というお考えには、私もまったく同感で、その成果が現実のものになれば、もっと日本の食生活が変わってゆくだろうと改めて思ったものです。

〈問合せ先〉

納豆・テンペ「登喜和食品」☎０４２－３６１－３１７１

33

軽めに食べたいときの食事は、おいしいだしさえあれば簡単です。

外出や仕事の都合などで昼食や夕食の時間がずれてしまい、きちんとした食事をとるほどではないけれど、なにかちょっとお腹を満たしたいというときがあると思います。

そんなとき、天然素材できちんととったおいしいだし汁があると助かります。1章（→p.59）でお話しした私の夕食というのは、ほとんどこのやり方の応用形です。冷凍保存しておいただし汁は鍋に入れ、ごく弱火にかけてまず溶かします（→photo p.114）。凍っただし汁の芯の部分は水。つまりおいしいだし汁も中央部分ほど水っぽいので、全部を溶かしてから使うのがコツです。

だし汁は「昆布とかつお節のだし」（→p.35）でも、「鶏のだし」（→p.37）でもＯＫ。

だし汁300ミリリットルを温め、塩小さじ三分の一としょうゆ少々で味つけします。

これを炊きたてのご飯にかけ、木の芽あるいはしそ、みょうがなど季節の香味野菜(もみのりやごま、わさびでも)をのせた「だし汁かけご飯」が大好きです。汁ものですからお腹も満たされて大満足です。

また、ご飯はもう充分、でも少し野菜をいただきたいというときにもだし汁があると重宝します。野菜がおいしくなり、汁けでお腹もおさまります。

小松菜、ブロッコリー、絹さや、いんげん、アスパラガスなど、なんでもOK。それぞれ塩少々を加えた熱湯でシャキッとゆでます。このとき少しかために仕上げるのがコツ。塩としょうゆで味をつけただし汁に食べやすい大きさに切った野菜を入れて、少しおき、味がなじんだら器に盛ります。おろししょうがや木の芽を散らしてもよいでしょう。とてもシンプルな料理ですが、本当においしい一品です。実はこれはちょっと献立にグリーンが足りないときのわが家の定番料理です。季節のグリーン野菜なら、なんでもだしがおいしくしてくれます。

第3章 調理法で心がけたいこと

台所に立ったら、まず心がけたいのは、楽しく合理的に調理ができるような環境作りです。気持ちよくスパッと切れる包丁や、使いやすいボウルやざるの存在。毎日使うバットなど……。

そうした準備がスムーズに整えば、あとは鍋の中の食材と対話しながら料理を進めていきます。食材をよく知り、必要最小限に料理します。その素材のいちばんおいしいところで調理をストップすることです。この「やりすぎない」ことが意外に難しいもの。素材が新鮮でよいものであればあるほど、これは大切です。

シンプルな料理というのは手抜き料理ではないし、簡単なものでもありません。けれども核心さえつかめば、あとは時間や手間をかけなくてもおいしく料理する秘策はいろいろあるものです。

料理本に頼りきらずに、素材や鍋の中をよくわかって調理できるようになると、料理することが楽しくなってくるでしょう。

34

料理を始める前に、献立のすべての材料をバットに並べてみます。

料理のレシピをたくさん知っていても、献立のバランスが上手にとれるとは限りません。献立がいちばん大切で、むずかしいのは事実。私も献立作りに苦労することがよくあります。

献立作りの勉強に、こんなやり方を考えてみました。

必要な材料を全部出して、バットに並べてみます。二～三人分の料理なら、一つのバットに一種類の料理に使う材料をすべて入れます。野菜も肉もすべてです。

たとえば、三種類の料理を作るとしたら、各々に必要な材料を三つのバットにラフに分けて入れます。

そうやって置いてみて、まず全体の色みをしっかり見ます。いろいろな色が入ってカラフルか、バラエティに富んだ材料か、調理法が偏っていないか、いろいろな味つけか、などをチェックします。

材料の仕分け作業が終ったら、肉や魚はいったん冷蔵庫に戻して、まず野菜をまとめて切る作業にかかります。材料や献立に応じて、みじん切り、細切り、乱切りというふうに切っておきます。余談ですが、このとき出た野菜の皮は捨てずに、角ざるに並べて干し野菜にします。

次に、肉や魚を切っていき、最初に材料を並べたバットに置いていきます。いわゆる下ごしらえですが、こうすると目に見えやすいので、種類の多い料理でも混乱なくスピーディに作業を進められます。

下ごしらえの段階では、切るなら切る作業、下味をつけるなら調味料につける作業というふうに、同じ作業をまとめて一気に進めると効率よくできます。

この手順を日々くり返していくうちに、献立全体の彩り、調理法、味のバランス、などが、一瞬のうちにわかるようになるものです。

献立作りというのはすべてがバランスで成り立っているので、一つの食卓の作り方を全部わかるように説明しようと思うと大変な時間がかかります。料理ごとに材料を分けて実際に目で見ると、一瞬でわかるようになってくるものです。

一つの食卓を作り上げるということは、全体を見たうえで細部の処理までを即決する作業ですから、とてもよい、そしてとても楽しい、頭の訓練になります。「三品は大変！」という方は、まず二品献立からでも始めてみてください。

献立作りは目立たない作業です。おいしい料理はほめられるでしょうが、なにを作るかというプランについては誰もほめてくれないかもしれません。うまくいったときは、そっと「よくやったね！」と自分にいってあげることも大切ですよ。

35

よく切れる包丁なら料理するのが楽しくなってきます。

家事というものは、手を抜くとその分がすぐに暮らしに跳ね返ってくるものです。そこで、どうせしなければならないことなら、できるだけ楽しくやろう、が私のモットー。「めんどう」、「大変」を「楽しく」にしようとする、そこに知恵や工夫や遊びが生まれます。そのために頭を使ったり、挑戦すると、しなければならないことがこんなに楽しかったのかと気づきます。

私は生来そんな器用なほうではないので、もともとは野菜のせん切りが苦手でした。懐石料理店などで板前さんの切った、ためいきがでるような美しいせん切りを見て、「どうしたらこんなふうに切れるのかしら？」と感心したものです。

板場では「どうやって切っているのかしら」と好奇心にかられて、カウンター越しに板前さんの包丁さばきを見ているうちに、「切れる包丁をすべらせて使えばいいんだわ」と気がつきました。ところが、この「切れる包丁」というのがなかなかむずかしいのです。どんなに切れる包丁でも使っているうちに、研がないと切れなくなってきます。

わが家の包丁は、週に何度か、まとめて自分で研いでいますが、以前は定期的に研ぎ屋のおじさんにお願いしていました。しかしそのおじさんが仕事を続けられなくなって、やむにやまれず私の包丁研ぎ修業が始まりました。

とはいうものの最初はうまくいかず苦労したものです。でもあきらめずに続けているうちに、だんだん楽しくなってきました。たとえば、包丁を動かすたびに砥石も動いて作業がしにくかったのですが、京都の「有次」で砥石をしっかり固定するゴム製のストッパーを見つけてとても重宝しました。

今は、きちんとした砥石でストッパー付きのものも多くなりました。研ぐ角度や力の入れ具合などのコツを職人さんに教えていただき、今では包丁研ぎが大好きです。おかげでわが家の包丁の切れ味は最高です。

苦手意識にとらわれていたキャベツや長ねぎなどのせん切りが、包丁の切れ味がよくなったとたんにきれいに切れるようになると、さらに次はもっと美しくと欲も出てきて楽しくなってきます。

また、包丁を研ぐ作業というのは、集中力を養うのにとてもいいのです。指先の感覚もどんどん磨かれますし、精神修行にもなるので、最初は大変でしたが、こうして研ぎつづけてきたことは本当によかったと思います。

こうした私の経験を踏まえて、アシスタントさんたちも、帰る前にその日使った包丁を必ず自分で一本は研ぐのが習慣になっています。一週間に一回くらいの割合で研げば、ものの五分ほどで切れる包丁に仕上がります。

研ぐのが習慣になると、自分に向く包丁、向かない包丁というのもわかってくるものです。

包丁を研ぐ間には、必ず試し切りをします。野菜の切り端をちょっとだけ切るのではなく、次の食事の材料を切って試してみるのです。こうすれば、包丁と徹底的に付き合うことができるのに加え、次の調理の下ごしらえができるというグッドアイデアでした。長ねぎでも大根でもピーマンでもいいのです。4~5センチ切っては研ぎ、また同様に切っては研ぐ——切りながら研ぐ作業を続けると、いつのまにか下ごしらえが済んでいます。

一度切れる包丁を使うと、もう切れない包丁は使えなくなります。

長ねぎやトマトがスパッスパッと気持ちよく切れ、青じそやしょうがなどのせん切りが針のようにきれいに仕上がっていくときの快感。リズミカルな音も耳に心地よく、「切る作業って、こんなにらくで楽しかったのね」と思えてきます。そういえば、「らく」と「楽しい」というのは、同じ字を書きますね。どちらも根っこは同じなのではないかしら。しかも、きれいに気持ちよく切った野菜がまた格別においしいのです。

切れない包丁で切る作業をすると、変なところに力が入ってとても疲れますし、仕事が遅くなります。切れない包丁で無理に切ると、指を切ったり……。

話がそれますが、切れない包丁でケガをした時ほど治りが遅いのです。きっと傷口がぎざぎざになってしまうのでしょう。切れる包丁のほうが深く切ってもきれいに傷口がついて治りが早いのは、納得できる話です。

とはいうものの、ケガをしないためにも、包丁は上手に使いたいもの。包丁で材料を切るときは、調理台から必ず少し体を離し、しっかり腹筋に力を入れて立ちましょう。よく見ると体を少し斜めにし、お腹を調理台につけて寄りかかるような体勢で切っている人が意外に多いのです。これではバランスが悪くて、包丁も使いにくいと思います。

ウエストを締めるようにして調理台との間隔を保ち、美しい姿勢で自分でしっかり立つようにすると、腕も自由に動き、見た目も美しいし、気持ちよく台所に立てるようになると思います。

〈問合せ先〉
ゴム製ストッパー「有次」京都 ☎075-221-1091

36

同じ野菜も切り方一つで歯触りや味わいが違ってきます。

大根のせん切りや玉ねぎの薄切りはいつも同じ切り方をしていませんか。野菜によっては繊維の走る方向をよく見て、調理法に応じて切り方を変えると、おいしさが際立ちます。

大根を例にとってみると、シャキッとした歯触りを楽しむサラダに使うときは、繊維に沿って切ります。最初に大根を5センチ程度の長さに切り、それを縦に薄く切ると色紙切りに。これを少しずつずらして重ね、端から細く切るとシャキシャキの仕上がり。

同じ大根でもみそ汁の実など、やわらかく仕上げたいときは、大根をねかせて繊維を断つように薄く輪切りにし、それを重ねてせん切りにすれば、やわらかいみそ汁の実に。

玉ねぎも繊維に沿って切れば、シャキシャキしたサラダなどに向き、繊維に対して直角に切れば、肉じゃがやみそ汁に入れた玉ねぎは、とろりと仕上がります。

また、ごぼうや新じゃがなどは包丁で皮をむいたりせずに、たわしで泥を落とすだけでOK。野菜は皮と実の間においしさや栄養があるので、ごぼうの独特の香りや新じゃがの栄養を台なしにしないで。大根も長く煮込むときは、皮ごと使うほうが煮くずれしません。

素材を生かす配慮一つで、野菜はもっとおいしくたくさんいただけますよ。

37

すぐれた調理道具がきちんと揃っている、これは強い味方です。

料理をするときに、すぐれた道具が必要な数だけ揃っていることでどれだけ助けられることか。一見、当たり前のことのように思いますが、これが意外にそうではない。食器はどこのお宅でも毎日困らない程度は揃っていると思います。でも調理道具は、というと、必要なものがない場合があります。台所では、ボウルがなければどんぶりで、平ざるやバットがなければ薄皿で、菜箸がなければふつうのお箸で、とその場しのぎでやりすごしてしまうこともあるでしょう。

以前、あるクッキングスタジオで料理講習会を開いたとき、食器はたくさんあるもののボウルやバットなどの道具類が足りなくて、とても困ったことがあります。しかも主がいないスタジオのことですから、数少ない道具類も食器類も、そればかりか流しや調理台もなんとなく汚れているので、まず台所を掃除し、道具や食器を磨くところから始めなければなりませんでした。

バットやボウルの代わりに深鉢や皿を使いましたが、冷蔵庫に入れにくかったり、水がこぼれたりして、とても作業がしにくかったのを覚えています。なんとかその講習会は無事に終了しましたが、基本的な調理道具があるのとないのとではこれほど違うものかと実感しました。それ以来、外での料理講習会はしなくなりましたが、この体験からもっと使う人の身になった調理道具が必要なのだと痛感しました。

それでは、使いやすい調理道具とはどういうものなのでしょうか。

あるとき、「とことん使う人の視点で納得のいくものを作りませんか」というご依頼をいただき、新潟県燕市にあるメーカーとの共同開発で「ラバーゼ」（イタリア語で「基本」とか「基礎」という意味）シリーズを作った折に、それを深く考える機会を持ちました。

まず、手早く洗うだけできれいになるような道具、という条件があります。そのためには、継ぎ目や縁の巻き込みがないといいのです。けれどもそのようなものを探してみても、なかなか満足のいく市販品がありませんでした。それまでの調理道具というのは、見た目は素敵でも使ってみると意外なところで満足できないものがほとんど。

結局、料理をしない人の視点で作られたものが多かったのですね。

また、道具としての強度、カーブや縁の幅などといった部分の使いやすさと形のよさという条件。それに加えて、組み合わせて使えること、という条件も大切です。「ラバーゼ」では、たとえばバットやボウルと揃えて、同サイズのざるとふた代わりになるプレートの三種類を作って、組み合わせて使えるようにしました。バットやボウルで、あらゆる下ごしらえをしたあと、下味をつけた素材をプレートでふたをして、冷蔵庫の中に重ねて入れます。すっきりして場所をとりません。プレートは浅い容器としても、物をのせておくトレーとしても使えます。

また、まな板は小さめの正方形のものですが、長いものを切るには二枚並べて、大きいものなら四枚並べてという使い方ができるようにしました。これは毎日料理をしている主婦の視点から生まれたもの。

何度も試作品《サンプル》を作り直していただき、私も新潟の工場にも通い、いく度となく話し合って改良を加え、ようやく一つの商品が完成する――まさに試行錯誤の連続でしたから、かかわった皆さんが本当に根気よく付き合ってくださっていると感謝しています。その結果、けっして安価なものではないのに「ラバーゼ」は多くのご支持をいただき、今では、水きりかご、ツールスタンド、調理用のヘラ、スポンジなど、そのアイテム数も増えています。

使いやすい台所道具は、百円ショップで買えるような道具とは比べものにならないほど高いものだと思います。けれども、使い勝手が何倍もよくて、何代にもわたって使える道具であるならば、それは結局安いものということになるのではないでしょうか。

「ラ・バーゼ」ではとにかく自分が心からいいと思えるものを作ろうと必死でした。この物作りを通してもう一つ私はとても大切なことを学びました。よい物作りというのは、使う人、プランを練る人、売る人たちの利益だけでなく、その源を担っている「作る人」の生活を成り立たせる仕事になっている、ということです。長い目で見ると、それが、伝統の技術をのちまで残し、引き継がれていくことにつながると思います。

新潟県の燕市には、ステンレス製品を製造してきた長い歴史があります。モダンなステンレス製品や、特殊な形状のポットの注ぎ口など、燕市でなくては作れないすばらしい技術がたくさんあるのです。そうした世界に誇れる技術をこれからも残していきたいものです。

それと同時に、そうした技術を生かしつつ、私たちがふだん使う調理道具がより今の生活に合う、使いやすいものになればいいと考えています。

一つの新製品を生み出すためには、まずその材質をよく知ることから始めなくてはなりませんから、日々勉強の連続でもあります。

38

シンプルな料理ほど、じつは簡単ではありません。

かつて料理を始めた頃は、和食も洋食もお菓子も教室に通って一生懸命習い、目新しい調味料や食材を入手しては試みました。三人の娘たちのお弁当作りも気を抜かず、足かけ二十年以上、手作りして持たせていましたっけ。ふり返ると、今の暮らしにいたるまで何十年も料理を作り続けています。

その間、食材収納のための冷蔵庫は一台では足りずに買い足し、家電製品や調理器具もよいものはどんどん取り入れ、大好きな食器がひと目で見渡せる大食器棚を設けたり、一時はレストラン並みに台所が広くなったこともあります。しかし今、娘たちもそれぞれ巣立って、私は身軽なひとり暮らしになりました。

大きな家から小ぢんまりした家への引っ越しもはたし、調理道具も食器類も現在は一時期の五分の一から十分の一くらいに減っています。

と同時に、あれだけいろいろ試した調味料や食材も、人生というフィルターにかけられて、「本当に私に必要なものはこれ！」としぼられてきました。料理をすればするほど私の好みはシンプルな方向へ向かい、今なお現在進行形です。

シンプルならば簡単でいいと思ったら、それは違います。こと料理に限っても、シンプルであるということほど難しいことはないと実感する毎日です。

まずシンプルに調理すると、食材のよし悪しがストレートに味に出ます。ですから、どんなに料理上手でもまず素材のよし悪しが問われます。

次に、手を加えすぎないこと。つまりその素材のいちばんおいしいところで調理をストップすることが大切です。「手を加えすぎないこと」のためには、その食材の特徴や状態を把握していなければならず、そう簡単ではないでしょう。

調味料をいろいろ使って手をかけるほどにおいしくなる料理もありますが、それは特別な場合とかレストランにおまかせして、ふだんのごはんでは調味料の数も手のかけ方も、極力ひき算に徹して料理しています。

となると、最初に戻ってしまって、まず素材がよくないとだめなのです。食材がよくても次にやりすぎはだめ、となるのです。

たとえば「あじ」。本当に活きのいい、最高のものだったら刺身にしてしょうゆをちょっとつけたり、塩をふって塩焼きにしてシンプルにいただくと、あじ本来のうまみが舌に伝わります。反対に少し鮮度が落ちた場合には、甘辛く煮たり、揚げてみたり、焼いてからあんかけにしたり、揚げてから煮てみたりなどと手がかかり、シンプルとは遠くなります。

目の前の食材を見て、これなら自分はどこまで手を出すかを判断します。この食材ならここまで手をかけて、どの調味料でどう味つけするか、それを見極め、よいバランスで調理することが大切です。

39

料理本のレシピはあくまで目安。上手になるにはくり返し作ることです。

最近の私の料理は、食材の数も調味料の種類もそれほど多くはなく、シンプルに仕上げることが多いので、料理本のレシピにすると二行程度、食材も二種類くらいで終わりというケースさえあります。

一般的にわかりやすさや美しい写真を重視する料理本の場合、紙面の制約もあって、料理のその裏にはどんな考え方があるかというところまで書けないことが多いものです。本来でしたら、そこまで知っていただきたいと思うのですが。

たとえば、「熱湯に塩少々をふり入れ、ほうれんそうをゆでてしぼる」という一行のレシピ。台所に立ったあなたは、これをどのように読むでしょう? レシピの裏にはこういう考えがある、できれば、こう読んでほしいということを順番にお話ししましょう。

①洗う――ほうれんそうの根元に一か十字の切り込みを入れて、水をたっぷり張ったボウルにつける。こうすることで根元が開き、泥が落ちやすくなる。それからよく洗う。

②しなっとしていたら、ゆでる前に五分ほど水につけてピンとさせる――水につけて葉の細胞内にきちんと失われた水分を戻すことが大切です。ピンとしてからゆでると野菜本来の自然の甘みが戻ります。これは青菜に限らず、キャベツや白菜でも同様です。

③必要な道具をあらかじめセットしておく――青菜はゆであげる一瞬が勝負。だからこそ菜箸や網じゃくし、冷ますときに使うバットと角ざるなどの道具一式は事前に用意しておくこと。ゆであがった時点で道具を出すようではゆですぎになり、色や味を悪くし、ビタミンの損失も大きくなります。ほうれんそうなら、大きなボウルにたっぷりの水を張って、鍋の横に置いておきます。

④塩を少量加えて、熱湯でゆでる――塩を入れることで湯の沸点が上がり、高温ですばやく野菜の葉緑素を安定させることができ、より色鮮やかに仕上がります。

また浸透圧の関係で、青菜の栄養素が湯に溶け出すのも防いでくれます。

⑤三〜四株ずつゆでる——さあ、ここからが勝負です。材料に「ほうれんそう一束」とあっても、一度に全部を入れないで。沸騰したお湯の温度が下がってしまうので、三〜四株ずつに分けてゆでます。葉の部分より根元のほうが火が通りにくいので、まず根元を先に湯につけてから手を離します。次に菜箸で葉のほうも手早く湯に沈めます。

⑥すぐに茎のかたさをみる——湯に入れたら色が変わってくるのでその変化をよく見ます。濃いきれいな色になってきたらすぐに引き上げ、指先で茎のかたさをみます。さわってわからなければ食べてみてもいいのですが、その間にどんどん火が通ってしまうのでとにかく早く。ゆでている最中の色の変化、指先でさわった感触、歯触りなどを、自分で感じることが大切です。その加減は最初はわからなくても、だんだん覚えてきます。

⑦すばやく冷ます——早く冷まさないと色が悪くなるので、ゆで上がったら冷水にとり、すぐに角ざるに上げて、一株ずつ広げて冷まします。残りのほうれんそうも三〜四株ずつゆでて同様にしますが、残りの湯をそのつど沸騰させ、根元から入れることを忘れずに。

⑧よく水けをきる――しぼるときは三〜四株ずつまとめて、根元をそろえて持ち、もう一方の手で根元から葉先へとにぎるようにしてしぼっていきます。このとき、グシャッとするようならゆですぎです。一束いっぺんにしぼってしまうのでは、うまく水けが抜けません。

たった一行のレシピでも、言いたいことを全部語ろうとすると、このように長くなってしまいます。しかし実際のレシピには、なぜそうするかとか、素材の変化の状況とか、大切にあつかってほしい気持ちまではなかなか書ききれません。

ですからレシピというのは短ければ短いほど、読まれ方に幅ができ、料理の見た目や味にも差が出ます。もしかしたら、私の気づかなかった受け取り方をしてくれて、すばらしいものを作る人もいるでしょうが、おいしく仕上がらない場合もあるでしょう。

読者のみなさんはもちろんのこと、専門家であれ、お店の方であれ、私のレシピはどなたに使っていただいてもかまいませんが、できあがりはそれぞれ違うものになると思います。

同じ材料で同じことをやっていても、違う料理になるのは、何人かの画学生が同じキャンパスで同じ物を描いているのに、けっして同じ絵ができあがることがないのと似ていますよね。結局はその人が出る——料理とはそういうものだと思います。

レシピとは、目安でしかなく、あくまで参考として見るもの。結局はくり返し試し、見て感じ、舌で味わって自分のものにすることが大切です。

最初は料理本を見ながらでも、何度かくり返し作るうちに、「ここはもう少し強火にして煮つめたほうがおいしそう」などとわかるようになり、そうなってこそレシピを自分のものにできたと言えるのだと思います。

なぜそうなるか——ここで水分が出たんだとか、煮つまってトロトロになったんだとか、体感としてわかる。そういう覚え方をすれば、レシピはしっかりあなたのものになります。

ですから私は「辻留」(明治から続く懐石料理店)の辻嘉一氏の料理書のように、レシピに分量が書いてあるかわりに、「ここできちんと味をみて確かめること」という心得が書いてある、そういうレシピの書き方が好きです。なにもかも教えてもらうより、自分の好みや家族の体調に合わせ、自分で考えることのほうが大事だと思うから。

旅もガイドに従うだけではなく、迷いながらも自分で行くほうが面白いのです。お料理も結局同じだと思います。

40

おいしいご飯のためには、高価な炊飯器よりいいお櫃《ひつ》にこだわりたい。

おいしいご飯に脚光があたり、最近は先を争うようにして次々に高級炊飯器が登場しています。あまりに種類が多くてなにが特徴なのかわかりにくいのですが、どうやら各メーカーともそれぞれの「炊飯方式（加熱方式）」と「内釜」の開発に力を入れていて、この二つの違いでご飯の炊き上がりの味わいや食感が違ってくるようです。

各社がめざすところを簡単にまとめてしまうと、いかにお釜に高い熱伝導率と蓄熱性を持たせて、昔ながらの「かまど炊き」のご飯に近づけるかということに尽きると思います。

であれば、私がふだんから愛用している蓄熱性の高い伊賀の粗土の土鍋（長谷製陶製）や、母から受け継いだ厚手アルミ製の無水鍋も、充分においしいご飯が炊けます。

慣れてしまえば炊き方は簡単で、価格も先端をいく炊飯器の何分の一でしょうか。

仕事柄、電気炊飯器も使いますが、お米選びとその管理がよければ、特別高級な炊飯器でなくても、おいしいご飯が炊けると思います。

むしろ大切なのは、炊き上がったあとのご飯の保存状態にあります。

炊飯器で炊いたご飯を「保温」にしておくとどうしても味が落ちます。かつてはいやな臭いがつくこともありました。最近はさすがにその点は改良されたものの、炊きたて以上の味わいにするというのはなかなか難しい課題だと思います。

ぜひ、炊き上がったご飯をお櫃《ひつ》に移してみてください。木製ですから、ご飯粒についた余分な水分を吸い取り、保温性にも優れ、かすかに木の香りが漂うのもたまりません。さわら、ひのき、杉などで作られたお櫃があり、自分の好きな香りを選ぶといいでしょう。

私が長年使っているものは秋田杉で作られたお櫃（「樽冨かまた」製）です（→photo p.125）。たまたまある酒屋さんのパンフレットに載っていたお櫃の話の文章にすすめられるまま、すぐ電話注文して以来のお付き合いです。二〜三合用のお櫃が使いやすく、大人数のときはお櫃の数をふやして使います。

お櫃というと金属製の〝たが〟がはまっていることが多いのですが、これは竹で編んだ〝たが〟なので優しい感じがして、多少細長い形のせいかあまり重い感じがしない点もいいのです。

炊飯器であれ、鍋であれ、炊き上ったご飯は大きくふわっと取ってお櫃に入れます。炊き上がったご飯を入れる前には、必ずお櫃を水にくぐらせておいてください。お米をとぐときに、お櫃にも水を張っておけばいいのです。使い終ったらまた水につけ、洗剤などは使わずにたわしで水洗いして乾燥。手入れも意外に簡単です。

もしも黒くなっても、それはかびではなく木が持つ鉄分のため、と樽冨かまたの方に教わりました。酢で洗えば大丈夫。すし桶が黒くならないのは、いつも酢を浴びているからだそうです。

〈問合せ先〉

ご飯用土鍋（かまどさん）「長谷製陶」☎０１２０－５２９－５００

無水鍋「生活春秋」☎０８２－２３９－１２００

お櫃「樽冨かまた」☎０１８５－５２－２５３９

41

ご飯との相性抜群のみそ汁に合う本物のだしは、水につけておくだけでとれます。

最近は若い人のみそ汁離れが進んでいるのだとか。とてももったいない気がします。きっとそれは、市販のインスタントみそ汁とか外食のみそ汁の味しか知らないせいなのでは。

さて、みそ汁には煮干しのだしが、いちばん合うと思います。煮干しでだしをとったことのない人は、「大変そう」とか「めんどう」とか思うかもしれませんが、じつはとても簡単。

黒い腹わた（苦みがある）の部分を除いた煮干しを一晩水に浸すだけです。鍋に水といっしょに入れて煮立てる方法もありますが、浸すだけなら手間をかけずに味わい深いだしがとれるので、この「水だし」の方法がおすすめです。

私は水4カップに小ぶりの煮干し28～30尾を入れますが（→p.36）、「おや？」と思われる方もいるでしょう。私の煮干しのだしは、煮干しの量がふつうよりかなり多めですから。でもぜひ、この量で試してみてください。「これぞ煮干しの味」と納得いただけるはず。

大切なのは、煮干しの選び方です。よく乾燥していて全体に銀青色に輝いているものを選びましょう。そのまま食べてみておいしいものなら間違いありません。

朝のみそ汁のためなら前の晩に、今晩用のみそ汁なら朝に、ボウルか鍋に水と煮干しを入れて、冷蔵庫に入れておくだけでOK。この煮干しは鍋を火にかける前に除きます。これで本物のだし汁のできあがり。

もう少していねいにしたいときは、最後にボウルにざるをセットしてかたく絞ったさらしのふきんを広げて漉せば、澄んだきれいなだし汁がとれます。

開封した煮干しの袋は冷蔵庫で保存しますが、使うたびに腹わたをとるのがちょっとめんどう、という方は、前もってまとめて腹わたをとって冷蔵しておけばいいと思います。

本物のだし汁があれば、みそ汁の具をあれこれ用意しなくても充分おいしく仕上がります。私は、絹さやだけ、新玉ねぎだけ、ささがきごぼうだけといったシンプルなみそ汁が好き。旬の時季に絹さやだけをたっぷり入れ、シャキシャキした歯ごたえを残して仕上げ、これに炊きたてのご飯、「ああ、日本人に生まれてよかった」としみじみ思える瞬間です。たっぷりとだし素材を使わなければこの味わいは生まれません。

わが家ではちょっとした食事会のときに、小さな盃のような器に、味をつけていない煮干しの水だし汁――昆布だしやかつおだしのときもありますが――をそのままお出しすることがあります。これが滋味深いすっきりした甘さで、なんともいえずおいしいのです。皆さんもハッと思われるようで、「これはなんですか?」と必ず聞かれます。和食の席の最初にということもあれば、途中でのお口直しにということもありますが、とても喜ばれます。

「だしを飲む」というのがお料理の流れの一つとしてあることが面白いですし、召し上がった方が「おいしい」といってくださるので、料理にも弾みがつきます。

「これはなんですか?」と聞かれると、「召し上がるときに何なのか、かぎ分けてくださいね」といいます。すると皆さんもおしゃべりをやめて、神経を集中して召し上がるので、大さじ1杯か2杯程度なのですが、たいていだし汁だとわかります。

そんなふうにわかっていただけると、今度は作る側も、きりっとした気分で次の作業に進むことができます。

42

時にはイーストなしでできる素朴なパンを作り、よく嚙みしめながら味わっています。

イギリスで小型の粉挽き機をドイツ人から手に入れました。それを東京に持ち帰り、今ではもみ殻を除いただけの日本の小麦を自分で挽いて、それに水を加えて、一〇〇パーセントの全粒粉でパンを作って楽しんでいます。ふつうの小麦粉は、小麦からもみ殻のほか、表皮、胚芽を除いて粉にしたもので、また全粒粉とうたっているものでもライ麦や他の雑穀を混ぜたりしているものもあります。

こうした全粒粉で作るパンを「原始的なパン」、海外ではプリミティブブレッドと呼んでいます。粉の味がして懐かしく、ドイツパンのような素朴な仕上がりでとてもおいしいのです。お米でいえば玄米にあたるこのパンは、食べる際は自然によく嚙むのですぐにお腹がいっぱいになり、夕食などもこのパンと蒸し野菜でもあればそれで充分！

このパンは、イースト菌なしで作ります。材料は粉と水、それにはちみつと塩をちょっとだけ入れてこねます。はちみつは砂糖でもOK。甘みをつけるためというよりも、発酵を促すために入れるもので、メープルシュガーを入れることも。

私の場合はひとり暮らしなので、一回に全粒粉200グラムを使い、小さいパンを三個ほど作ります。

①全粒粉200g、塩小さじ½、はちみつまたはメープルシュガー大さじ1（グラニュー糖なら小さじ2）とぬるま湯½カップをボウルに入れ、全体を握るようにしてこね、様子を見ながら、さらにぬるま湯¼カップを加えます。

②耳たぶよりややかためにまとまったら台に取り出し、両手でぼそぼそした状態がなめらかになるまでこね、楕円形にまとめます。ラップでぴっちり二重に包んで、三〇度くらいの暖かい場所に丸一日おいておきます（発酵の時間は季節により異なる）。

③二十四時間たってよく見ると、表面に気泡ができてちょっと膨らんでいます。気泡が見えれば発酵しているので、ラップを外します。小麦が本来持っている酵母に

より、気泡が出てくるのでしょう。この生地を再度、台の上で七〜八分こね、四〜五時間、ラップをふわっとかけて②と同じ暖かい場所においておき、さらに発酵させます。もう一度、同じことをくり返します。

④ラップを外して生地を三つに分けて丸め、オーブンペーパーを敷いた天板におきます。一七〇度に熱したオーブンの中段で色よくなるまで焼きます。竹串を刺してみて何もついてこなければできあがり。網の上で粗熱をとり、ラップに包んでさらに冷ますとしっとり。

足かけ二日かけて作るので時間はかかりますが、イースト菌いらず、こねるだけでとても簡単。初めて作ったときは、材料も極端に少ないのに、できあがったパンはちゃんと気泡の入ったスポンジ状になっているのでちょっと感動しました。

このパンはオイルやバターなど油脂や卵がいっさい入っていません。材料は粉と塩、水、そして発酵を促す砂糖だけ！

市販の全粒粉を使って作っても、おそらくできるのではないかと思いますが、あるいはオートミール（押麦）のような挽いていない麦類を少し混ぜてもいいかもしれませんね。

現代では誰もが「パン＝イースト菌で作る」というように思いがちです。でも、もともと麦そのものの中に自然に発酵を促すものがあるのだとわかります。それを人々は大昔から食べていたのだと自分の目と手で確かめ、実感できるところがプリミティブブレッド作りの喜びです。

43

時間がないときは、時間がおいしくしてくれる料理が役立ちます。

この見出しを見たみなさんは、「時間がないときほど時間がおいしくする料理を作るって、どういうこと?」と思われるかもしれません。でも、忙しくてもおいしいものをという方にぜひともお伝えしたい知恵をご紹介。

忙しくて時間がないとき、いちばんめんどうなのは、素材をていねいに水にさらしたり、細かく切ったりすることです。なのでそのような作業を避けて、材料を丸ごとオーブンや鍋で焼くという方法が効果的です。これは家にいるけれど台所に長く立っている時間がないという場合の「時間がないときの料理」です。

もう一つは、材料をマリネする方法です。こちらは外出していて、帰宅後すぐに料理を仕上げたいときの方法です。前もって冷蔵庫にストックしておけばいつでもすぐに使える方法です。

つまり、前者は材料を丸ごとの「入れっ放し料理」であり、後者は調味液への「漬けっ放し料理」です。急がば回れとはよくいったもので、両者ともじつは「時間」が「おいしさ」を生む調理法なのです。「入れっ放し料理」は、オーブンや鍋に入れっ放しにしておく時間はかかりますが、その間は手間いらずなので仕事や勉強ができます。また「漬けっ放し料理」も冷蔵庫でマリネしておくには時間がかかりますが、その手間をかけておけばあとはすぐに調理できて重宝するというわけです。

肉を低温で長時間加熱する「入れっ放し料理」

とにかくこれは、手間なし料理の代表選手のような料理です。塊肉にオリーブオイルをマッサージするようやさしくぬり込んで、あとは鍋に油もひかず、塩、こしょうもせずに火を通していきます。低温でジワジワと塊肉に火を通し、盛りつけた皿のうえで自分の好みの調味料をつけていただきます（→photo p.126）。

もちろん好みで前もってある程度、肉に塩をすり込んでから焼いてもＯＫ。オリーブオイルでコーティングされるので、肉には穏やかに熱が入り、低温による長時間加熱ですばらしくやわらかくておいしい肉のローストができあがります。

①豚塊肉1キログラムはロース肉（または肩ロースやばら肉）のような少し脂のついた肉を選びます。本当においしい肉というのは、脂身部分もおいしいものです。

②前もって塩をすり込む場合は、①の豚肉に対して塩大さじ1½程度を。さらにオリーブオイルを手のひらに受けて、両手で肉全体にマッサージするような感じで大さじ4くらいをぬり込みます。肉は好みで、小羊（ラム）肉、鶏肉、牛肉にも応用できます。

③厚手の鍋（胴体、ふた、持ち手とも金属製の鍋）に肉を入れてきっちりふたをし、そのまま弱めのガス火にかけ、油が出てきたら一度肉を返します。その鍋をふたをしたまま一四〇〜一五〇度のオーブンに入れて二時間ほど焼きますが、焼き上がった肉に串を刺して血が出てこなければOKです。オーブンなら万が一火にかけているることを忘れていても自動的にスイッチが切れるので、それまで「入れっ放し」にしておけば大丈夫。それに、鍋ごと料理するのでオーブン内が汚れないというのもうれしいところです。オーブンがなければ厚手の鍋を弱めのガス火にかけたままで同じように作れますが、この場合は火がついていることを忘れないように注意してください。

④ローストした肉がさわれる程度の温度になったら食べやすい厚さに切り分け、み

じん切りのねぎと塩、粉山椒を混ぜたねぎ山椒や柚子こしょうをつけて食べます。たれはそれ以外にも、ハーブ入りのイタリアンや豆板醤を入れた中華風など、好みのものにすれば変化がつきますし、肉は食べる分だけ切って、残った分にちょっと塩をすり込んで保存することもできます。

余裕があれば、肉を焼くときにトマトや玉ねぎ、にんじんなどの野菜も丸ごと入れて焼いてみましょう。そうすれば、何時間も煮込まなければならないシチューも、ぐっと簡単にできます。野菜も低温で長時間加熱すればほろっとくずれるくらいやわらかくなりますので、シチュー作りの裏技としても使えます。

野菜を丸ごとオーブンでドーンと焼く「入れっ放し料理」

野菜はたっぷりとりたいけれど、洗って皮をむき、切って加熱し、味つけして仕上げる——とてもそんな時間はありませんというときにおすすめなのが、皮ごとオーブンで焼くという方法。これも「入れっ放し料理」の一種でしょうが、前項のような低温加熱ではなく、二〇〇度のオーブンに入れ、焦げ目がつくくらいまで焼きます。にんじん、パプリカ、なす、じゃがいも、グリーンアスパラ、とうもろこし、玉ねぎなどなど、すべて皮ごと焼けばうまみが逃げず、自然の甘みが際立っておいしいもの。

一種類の野菜だけでも、数種類の野菜を同時に焼いてもOKですが、いくら「丸ごと焼く」、といってもキャベツやかぼちゃのように大きい野菜は、四〜六つ割りぐらいにして焼いたほうが扱いやすいようです。

①持ち手まですべて鉄製のフライパンに、洗った野菜を皮つきのまま入れます。条件に適したフライパンのない場合は、天板にアルミホイルを敷いて入れます。

②二〇〇度のオーブンに①を入れ、おいしそうな焦げ目がついて串がスッと通ればできあがり。

③食べやすい大きさに切り分け、塩、こしょうをふり、オリーブオイルをかけていただきます。オレガノやバジルなどのドライハーブやバルサミコをかけても。

肉や野菜をマリネ液に漬けて材料のうまみを引き出す「漬けっ放し料理」

ロンドンで中近東料理の店に出かけた折、とてもおいしかったので、お願いして調理場を見せていただいたことがあります。そこで目にしたのは、大きな冷蔵室の中に積み上げられたバットの山、山、山。バットの中には、肉、魚介、野菜とほぼ一週間分の材料がマリネされていたのです。そう、マリネとは材料に下味や香りがつき、おいしい奥深い味わいになるうえに、日もちもよくなるという便利な調理法。休日など少し余裕のあるときに肉や魚、野菜をマリネしておけば、忙しい日に遅く帰宅してもすぐにおいしい料理が作れます。

マリネ液には塩、オイル、酢ほかの調味料やスパイス、香味野菜やハーブなどを用いますが、数えきれないほどの組み合わせが可能。わが家でいちばん出番の多い組み合わせをご紹介しましょう。

① 基本は、塩・こしょう＋にんにく＋ローズマリー＋オリーブオイルの組み合わせ――ときには、これにスパイスやレモン汁を加えることもありますが、肉や魚にこれらを順番にパッパッと少量ずつふったり、まぶしたりしておくだけ。にんにくはみじん切りでもおろしにんにくでもお好みで。簡単でしょう。チキンや少し厚みのある豚肉などに最適。肉に添えて野菜を漬けてもOKですし、今日より明日とおいしくなり、ハーブやオイルの防腐効果か冷蔵庫で五～七日はもちます。

② 炒め物の肉に、ごま油＋酢＋酒＋砂糖＋にんにくの組み合わせ――牛肉でも豚肉でもいいのですが、炒め物に使う薄切り肉にこの下味をつけてマリネしておくと、多少かたい肉でもとてもやわらかくなり、たとえこま切れ肉や切り落とし肉でもワンランクアップします。そのうえ、下味のおかげでもちがよくなるので、まとめて作っておけば二～三日は使えます。薄切り肉２００グラムに対し、ごま油、酢、酒、

砂糖の分量は各小さじ2。どれも同量なので覚えやすいと思います。おろしにんにくは1片分ですが、苦手な人はおろしょうがでもOKです。調味料をよく混ぜ合わせて肉にもみ込み、最低でも冷蔵庫に二十分以上おいてから使います。使うときに片栗粉小さじ2を混ぜれば、さらになめらかな口当たりに。この肉をたっぷりの野菜と炒めた「肉野菜炒め」にすれば、野菜もおいしくいただけます。強火で炒めてから、しょうゆや塩などで仕上げます。

忙しければ忙しい人ほど、マリネを仕込んでおくとかだし汁をとっておくということを、特別なことと思わずにやっておきましょう。いつも冷蔵庫をのぞくと「なにかある」という状態にしておけば、すぐにごはんができるのはもちろんですが、それをベースにした献立作りも簡単になるはずです。

44

おいしさを追求すると捨てる素材が減ります。

大根の根と茎がついている部分を食べている人はどのくらいいるでしょうか？じつはこの部分は、大根の根にも茎にもない、特別な味が隠されています。葉はざるの上に広げてのせ、太陽の下で少ししんなりする程度まで半干しにします。この半干し大根葉は葉とともに茎や頭の部分も細かく刻み、ごま油で炒めてしょうゆ少々で味つけし、温かいご飯にのせていただくと、そのおいしさは格別。

それではブロッコリーの軸はどうでしょうか。私は、やわらかい蕾の部分より、太い軸の部分のほうが好きです。軸の部分のかたい皮を下からナイフでひっぱるようにして皮をむき、縦に二〜四つ割りにして熱湯で歯ごたえが残る程度にゆでます。あとは自家製マヨネーズなど、好みのたれでいただくととてもおいしいです。

ほかにもキャベツが一個あったら、これもほとんど捨てるところがないように全部使いきります。たとえば、緑色の濃いかための外葉は、細かく刻んで「キャベツメンチ」や、よく煮込んでスープに、やわらかい内葉のほうは生や塩もみで、軸の部分は「キャベツの軸のフライ」や「キャベツの軸のポタージュ」にすると絶品です。捨てるのはかたい芯の部分だけ。

根菜類の皮はきんぴらにしたり、かき揚げにするほか、干し野菜にしていろいろな料理に使います。

野菜だけでなく、肉は手羽先でスープをとったあと、にんにくじょうゆをまぶして焼き、ご飯の友やおつまみとしてそれこそ骨までしゃぶります。魚のあらなどもあら炊きとか、手羽先同様スープをとったり、魚の骨のから揚げ（骨せんべい）などにして使いきります。

共著でごいっしょした横山先生（↓p.143）も「さつまいもは皮ごと食べると胃もたれしません」とおっしゃっていましたが、それだけでなく、おいしくていいなと思います。

しかし皮まで全部食べようとすると農薬のかかったものは不安なので、かえって納得のいく野菜を探すのが大変になります。けれども皮もいっしょに食べたほうがおいしいのです。なぜって、野菜や果物のおいしさは皮と実の間に多く含まれているから。先に「料理には手を加えすぎないことが大切だ」とお話ししましたが、そうなると食材のよし悪しが重要になり、健全に育てられた良質の素材を求めるようになってきました。そんなこともあり、今にいたるまでできる限り、なるべくその食材にかかわる生産者をお訪ねし、いろいろお話を伺うようにしてきました。

風雨にめげず育った強さを感じる魚や野菜といった、良質な食材の生まれるところはどこを訪れても、育てた人たちの一生懸命さや深い愛情、自然界の法則などが見えてきて、本当に食べ物は大切にしたいと思います。食べ物を大切にすることは、幼いころから教えられてきたことですが、今まで以上に全部を食べきりたいという気持ちがとても強くなりました。

そんなふうにして食べていると、カラスもうちのごみ箱は狙いません。なんと素通りなのです。わが家のベランダで野菜を干していることが多いのですが、カラスはまったく無関心。魚の干物屋さんが「天日干し板に集まるカラス対策が大変」と嘆いているというお話を聞いたことがありますが、干し野菜にはまったく知らん顔なので、笑ってしまうくらいです。

カラスはなかなか頭がよい生き物。彼らは人間の暮らしをちゃんと全部見ているのだと思います。だって、だらしないごみの出し方をしている場所には、どこからともなくカラスが集まってくるでしょう。もしかしたら、カラスたちを嫌がるのでなく、なにかを教えてくれているのでは……と、考えてみる必要もあるのではないでしょうか。

45

発酵食品は、名実ともに本物を。

私が育った家の裏手には漬け物小屋がありました。漬け物作りをしたり保存しておくための小さな屋根付きの建物で、小屋の中央には野菜を洗う井戸と広い作業台があります。その周囲を取り囲むようにしてたくあんやぬか漬け、梅干し、白菜、きゅうり、なす、らっきょう、いろんな青菜の漬け物の樽が、大きさも大小さまざまにずらりと並んでいたものです。

その年に家族が食べるたくあんの漬け込みは、二人の兄の仕事と決まっていました。母が指示した分量の塩やぬか、米麹、赤唐辛子を準備します。

大量の生の葉つき大根は、あらかじめ二本ずつ束ねて日当りのよいベランダで二週間ほど干してから――この大根を干す仕事が私の役割でした――大樽に並べます。大根は半分にきっちり曲げられるくらいに干します。一段ごとに、すき間に大根の葉を詰め、塩やぬかを振り入れ、できるだけすきまがないように詰めて、いちばん上はぬかをきれいにならしてふたをし、重しをのせます。

たくあんを漬ける作業は毎年晩秋から初冬にかけてと決まっていましたが、いつ食べるかによって塩加減を変えていて、二月に食べる樽より五月に食べる樽のほうに強く塩をします。

「料理上達法の第一は、まず味を覚えることにあり」という鉄則もあるようですが、子どものころからいつも食卓にあった母の漬け物の味は、私の舌の記憶に今でも残っています。大家族からひとりに変わった暮らしの中でも、母が作っていたような漬け物を食べたいと思い続けていましたが、あるときちょっとの量でもおいしくできる漬け物を試してみました。

最初におすすめは「塩漬け」

マンションの部屋で作る私の漬け物は、昔の寒さの代わりに冷蔵庫を、樽の代わりに金属製のバットや適当な大きさのプラスチック容器、ジッパー付きの保存袋などを使います。

きっかけはひょんなことからでした。私は小松菜の塩もみをご飯に混ぜて食べるのが好きですが、少しばかり残ってしまった塩もみをジッパー付きの保存袋に入れ、空気を抜き、ステンレスのバットに置いて、さらにその上からもう一枚のバットを重し代わりにのせ四〜五日間冷蔵庫においたままにしておきました。するとそれが枯れた風合いのおいしい塩味の漬け物になっていたのです。

塩漬けはこのようにとても簡単な漬け物。材料の合計の重さの一・五〜二パーセントの塩を、切った材料全体になじませ、保存袋に入れ、重しをのせて冷蔵庫に入れるだけという簡単さ。低温を安定持続させるためにステンレスのバットを用いるとよりおいしくなります。浅漬けとして翌日から食べられますが、一週間くらい重しを外さないでおくとおいしい塩漬けになります。食べるときは水けをよくしぼり、器に盛ってください。

塩漬けは、野菜の種類や切り方によって別のおいしさや食感が楽しめるので、私もいろんな切り方のきゅうり、なすとみょうが、かぶとその葉、大根とその葉、キャベツとにんじんとセロリの三種のせん切り……と次々に作ってみました。漬け物作りがどんどん楽しくなっていき、次は白菜一株を漬けてみたり、みそ漬けや粕漬けにも挑戦し、以前から作っていたぬか漬けやたくあんと合わせて、その私流の漬け方は『うちのおつけもの』（文化出版局刊）という本に詳しく紹介してあります。

手入れが楽しい「ぬか漬け」

とくにそのときどきの季節の野菜を漬けて楽しめ、母の思い出にもつながる「ぬか漬け」はうちの定番です。酸味のよくきいた発酵食品ならではの味わいは、やっぱりきちんと手をかけた手作りだからこそ。きゅうり、なす、大根といった定番の野菜はもちろん、山芋、キャベツ、ラディッシュなどその季節の野菜をぬか漬けにして楽しみます。

ぬか床というのはまるで生き物のようです。日々、よくかき混ぜ、水が出てきたら水抜きし、ときにはここへしょうがやにんにく、大豆、唐辛子、山椒、青梅などを加え、そしてなにより漬かった野菜を食べたりしていくうちに、ぬか床が生きている自分だけの宝物であることが自然にわかってきます。

同じ野菜でも暑い日と寒い日、朝と晩とでは驚くほど表情が違いますが、それがいちばんわかりやすいのはなす。なすを漬けて美しい紫紺色に仕上がれば、いい状態のぬか床です。ぬか床をいい状態にしておくためには「よくかき混ぜること」「毎日、調子を伺うこと」、これに尽きます。

現在わが家では、白く美しいぬか床用の容器を陶芸家に特注して製作していただきました。混ぜやすく、いつも清潔で、何より美しい器なので出しておけます。

ところが、どうしても私は留守がちになります。しかもいないときは一～二か月単位で不在にするので、少しでもぬか床をうまく手当てしておくためにいろいろ試行錯誤しました。今では出かけるときは、すっぱくなるのを防ぐ塩とぬかを多めに入れ、ぬか床をかたくして、発酵が進まぬように冷蔵庫に入れて出発し、帰国したら気長に元に戻します。今まで以上に何回も何回もよく混ぜて、キャベツのかたい葉や大根葉などの捨て野菜を漬けては出し、また漬けては出しをくり返して、味をまるくしていきます。このようにすると、野菜から出た水分がほどよく全体に行きわたり、だんだんちょうどいい塩けになってきます。塩の調子をみるためにはしょうがなどを漬けてみるとよいと思います。最初はおいしくなくてもだんだんおいしく漬かるようになり、やがてぬか床が息をふき返します。

ところで、たくあんや白菜の塩漬けを長くもたせるには塩の量を多めにといわれています。でも私は塩だけではなく、重しの重さも関係しているように思います。

毎年、漬けているたくあんは、ふつうはまだ寒い三月くらいまでに食べきってしまうのですが、『うちのおつけもの』の撮影のために五月までもたせなければならなくなりました。

五月といえば二か月も先ですし、気温も上がってきます。そこで考えたあげく、塩の分量はいつもと変えずに、漬けるときの重しを三〇キログラムに増やすことにしました。三〇キロといえば持ち上げるのに一苦労するくらいの重さなのですが、五月には、枯れた古漬けのいい味に仕上がりました。今では二年もの、三年ものに挑戦中。重しと、虫が入らないように管理することが大切です。

たとえば一本のきゅうりでも、重しがちゃんと効いているところはパリッとしておいしいのに、重しがきいていない部分はいたんでしまうことがあります。

最近は発酵食品が見直されているようですが、この発酵という技術を人々は昔から食品の加工や保存に上手に利用してきました。発酵させることで、もとの食べ物にはなかった香味や深い味わいのおいしさが生まれ、そのうえ栄養効果もアップする――そうしたことを探り当てた昔の人の知恵と努力、それはすごいことだと思います。

漬け物もその代表選手ですが、発酵食品といえば、他にみそやしょうゆ、酢やみりんといった調味料、納豆、かつお節とか、ワインやビール、日本酒や焼酎といったアルコール類、チーズやヨーグルトなどの乳製品といった日々の暮らしでなじみの深いものも多いのです。そうした発酵食品には人間の体にとても大切な働きをする酵素が多く含まれていて、免疫力をアップさせてくれるといいます。ラベルに「漬け物」と書いてあっても、調味料に入れただけのものが売られています。この味は発酵食品ではありません。大切なのは発酵食品を選ぶときは、きちんとした発酵の過程を経たものを見極めなければ意味がないということです。

興味のある方は、漬け物などはぜひとも自分で漬けてみていただきたいと思います。塩と重しと時間がゆっくり素材を発酵させていく昔ながらの漬け物は、やはりとてもおいしいものなのです（→photo p.124）。

46

長く留守にするときの整理術で冷蔵庫もきれいに。

「長いこと出かけるとき、冷蔵庫の中はどのようにしていかれるのですか?」と聞かれることがあります。

もちろん、いたみやすいものは残していけません。そこで出発一週間ほど前になると、食べきってしまいたいものを一か所にまとめておくようにします。

その中から工夫して使ってゆくのですが、そうでもしない限り考えつかなかった組み合わせの料理が、意外においしかったり、新鮮だったりすることも多いもの。そうやって制限をつけて食材を使ってみると、冷蔵庫の中が驚くほど整理されます。

本来、冷蔵庫の中はいつもすっきりとし、中の冷気が循環していないと冷蔵の役を果たしません。「一週間たったら、ひと月出かけなければならない」と仮定して、どこまでできるかチャレンジしてみてはどうでしょう。そうすると生ものとか生鮮食品など、どうしても必要なものだけしか買わなくなるので、冷蔵庫の中はすっきり、さっぱり。庫内のものをできるだけ使いきってみるのが、冷蔵庫整理術の一つの方法だと思います。

たとえば、パスタやお米があれば、残り物を総動員して、具だくさんパスタや炊き込みご飯にしたり。また、豆、野菜、肉の切れ端まで使った新しい味のパエリアが誕生したり、早く使わないといけないスパイス類もどんどん減るのでは。また、いつもと違うシチューを試したり、など。

頭をフル回転させたごほうびとして、驚くようなおいしさが待っていることもあります。

47

揚げ物こそ市販品に頼らず自分で作りましょう。

「揚げ物をするのは大変」、「油を控えめに使えばヘルシー」という声はよく聞かれるものです。でもそれは、どちらもちょっと違うのではないかと思います。

揚げ物は煮物や炒め物に比べて、短時間で仕上がり、失敗の少ない簡単調理法。そのうえ、揚げたての料理の熱々、ホクホクのおいしさといったら！　揚げ物は満足感の大きい食べ物です。

油のとりすぎは確かに避けたいですが、ドクターストップがかかっている人以外は、適度に質のよい油はとったほうがよいと思います。

油について注意すべきなのは、量以上に、質です。植物油の上等な油は体にもよく、うまみのある優秀な食材。とくに上等なオリーブオイルやごま油には老化を防ぐ抗酸化物質がたくさん含まれています。

それに上等な油のおいしさは、他のもので代用できるものでもありません。きちんと使うべきところで中途半端にひかえるくらいなら、最初から油をまったく使わなくてもおいしい料理を考えたほうがいいのです。また、献立はバランスですから、一方の料理が油を使っていれば、もう一方はあっさりさっぱりというふうに、抑揚のある取り合わせが理想です。

そうはいっても揚げ物となると相当量の油が必要。「上等なオリーブオイルなど、高価で使えないわ」という方がいらっしゃるかもしれません。ところが一五八ページでもお話ししたように、オリーブオイルは吸油率が少なくてカリッと揚がり、よい油なら漉しておけば何回か使えます。さらに体にもよいとなれば、結局は安上がりかも、と思えます。

さて、少ない油で上手に揚げるためには、揚げ鍋選びが大切です。揚げ鍋として使い勝手がよいものは、ある程度の深さのある鍋で、油の量が少なくてすむように下のほうがすぼまった形のもの。これなら油の量も少なくて済み、跳ねるのも防げます。さらに鍋の直径に合わせた油はね防止ネットを用いると効果的です。

揚げ終わった油は、熱いうちに漉してしまうことが大切です。

揚げるときに気をつけなくてはならないのは、油の温度です。その食材や料理に合わせて、どのような温度設定がいいのか覚えておくと便利です。

低温（一五〇度以下）——ナッツ類はあっという間に表面が焦げるので、ぬるい油に入れて揚げ始めます。

低温（一五〇～一六〇度）——青じそや三つ葉などの緑色を残したい野菜は、低温で短時間に揚げないと色が悪くなったり、焦げやすかったりします。さつまいもやれんこん、お餅などのようにでんぷんを多く含む材料は中まで火が通りにくいので、低温で時間をかけて揚げるとホクホクになります。

また、二度揚げをしてカリッと仕上げたい鶏のから揚げ（フライドチキン）、とんかつ、春巻きなどの一度めは一五〇～一六〇度くらいで入れます。このように厚みのある揚げ物は、最初から高温で揚げると中に火が通らないうちに焦げるので、低温で揚げて一度引き上げて休ませ、再度一八〇度程度の高めの中温で二度揚げすると、中はジューシーに外はカラリと仕上がります。

中温（一六〇～一七〇度）——野菜の天ぷらやかき揚げなどは一六〇～一七〇度の中温で。

高温（一七〇～一八〇度）――魚介類の天ぷらやかきのフライなどのように、中にしっかり火が通るより多少ふんわりトロッと仕上げるほうが好まれる材料は中温～高温で。とくにコロッケなどのようにすでに中身に火が通った材料でも、芯まで熱くなるように、中温～高温で短時間で揚げるのがコツ。

油の温度の見分け方は、衣を使う方法と菜箸を使う方法があります。衣（または湿ったパン粉）を使う方法は水で溶いた衣を一～二滴、油の中に落としてみます。ここではよく使われる衣を落としてみる方法をご紹介しましょう。

一五〇度以下――衣が鍋の底まで沈んで浮かんできません。
一五〇～一六〇度――衣が底まで沈んでゆっくり浮かんできます。
一七〇～一八〇度――衣が途中まで沈み、すぐに浮かんできます。
一八〇度以上――衣は沈まずに油の表面でパッと散ります。

家で作った料理がいちばんであるのはそのとおりなのですが、天ぷらやうなぎ、おそば、にぎり寿司などは、職人さんの作る専門店に食べにいくようにもしています。

かつて母も子どもだった私と日本橋に出かけると、お昼にはひいきにしていた日本橋の天ぷら屋さんに連れて行ってくれました。母は天ぷらの好きな父のために、そっと店主の目の前の席に座って、じっとその手元を見ていたものです。「技は見て盗め」という職人の世界でよくいわれることをきっと実践していたのでしょう。

48

水の代わりに酒で煮ると、ふっくら、深みのあるおいしさに。

ワインも、日本酒も、自然の恵みを昔ながらの方法で発酵させて作られたお酒は、深みを持ちつつすっきりとした口当たりで、とてもおいしいもの。おいしい食事にはおいしいお酒がつきものですが、これを調理に使えば、料理のコクや味わいや香りの奥行きがグレードアップするのは想像に難くありません。とかく調理の過程では材料を水で煮るという作業は多いもの。そのときの水分に思いきってお酒を当てると、とびきりの一皿ができあがります。

たまたまワインの飲み残しがちょっとあると、「このワインは何に使おうかな」とわくわくして、翌日さっそく白ワインのシロップを使ったデザートを作ったりします。

基本的には、和風の煮物には日本酒を、肉の煮込みには赤ワインとかビールを、チキンや魚介なら白ワインか日本酒、中華料理なら紹興酒や老酒がいいと思います。その料理や食材の産地のお酒がいちばん相性がいいということですね。

たとえば、さつまいもならたっぷりの日本酒で煮ると、おいもから自然な甘みが出てきます。煮つまってトロトロになった煮汁も蜜のようで、なめてみると、そこには砂糖と水だけでは絶対に出せない深みと複雑さがあります。

お酒には、肉をふっくらとやわらかくする作用があります。たっぷりのビールで煮た牛肉のほろ苦いまろやかさ。口に入れたときのジューシーな感じ。

また、わが家のミートソースはみじん切りにした野菜（玉ねぎ、セロリ、にんじん、きのこなどそのときならではの野菜）と粗く挽いた牛肉（塊肉）を赤ワイン2カップ（四人分）で煮込み、トマト缶一缶を加えます。このミートソースは自分でいうのもなんですがともかくおいしくて、それは惜しみなく用いるワインのおかげです。学生時代に遊びに来てくれた娘の友人たちも皆、このソースのパスタのファンでした。

このミートソースもそうですが、ここぞという煮込み料理には、お酒を臆せずにたっぷり使ってみてください。

もちろん、多ければいいというわけではなく、ほんの少しきかせたお酒がおいしい料理に仕上げてくれる場合もあり、調味料として使う場合がそうです。酒としょうゆを混ぜて魚にまぶせば、魚の臭みを消してくれますし、意外と知られていませんが、こういうときのお酒は材料の煮くずれを防いだり、味をしみ込みやすくする効果もあります。

ただし、お酒まがいの料理酒には食塩や酢が添加されていたりするので、ぜひ本物(飲酒用)のお酒を使ってください。アルコール分は加熱段階で蒸発しますから、「子どもが食べるから使えない」ということはありません。

牛肉とじゃがいものビール煮

[材料] 4人分
牛肩ばら肉(塊で)…400g
じゃがいも…6~8個
ローリエ…2枚
黒粒こしょう…小さじ2
煮汁〔ビールおよびスープ(鶏のだし・野菜だし➡p.37,38)…4~5カップ　しょうゆ・バター…各適量〕

1 牛肩ばら肉は3～4㎝角に切る。
2 じゃがいもは皮をむいて大きめの乱切りにし、サッと水にさらして水けをきる。
3 鍋に**1**の牛肉、ビール、スープ、ローリエ、黒粒こしょうを入れて強火にかけ、煮立ったらあくを取り、火を弱めて1時間ほど煮込む。
4 最後にじゃがいもを加え、ふたを少しずらしてじゃがいもがやわらかくなるまで煮て、しょうゆ、バターで味を調える。
*ビールとスープの割合はお好みで。スープがない場合にはビールと水で煮てもよい。

鶏肉とこんにゃくの煮物

［材料］４人分
鶏もも肉…２枚
こんにゃく（黒）…１枚
しょうが…１片
赤唐辛子…１本
煮汁｛日本酒…１カップ　だし汁（↓p.35）…２～２½カップ　しょうゆ…¼～⅓カップ　みりん…¼カップ｝

1 鶏もも肉はひと口大に切る。

2 こんにゃくはゆでてあくを抜き、味がよくしみるように手でひと口大にちぎる。

3 しょうがは皮ごと薄切りにし、赤唐辛子の種を除く。

4 厚手の鍋を熱して**1**の鶏肉を皮目のほうから焼き、返して全体を焼く。こんがり色づいて脂が出てきたら**2**のこんにゃくも加えてよく炒める。

5 **4**の鍋に酒、だし汁、しょうが、赤唐辛子を入れて、強火にかける。煮立ったら火を弱めて、あくを取りながら30~40分くらい煮る。肉がやわらかくなったら、しょうゆ、みりんを加え、落としぶたをして煮汁が少なくなるまで煮る。

49

子どものおやつはできるだけ市販品に頼らず、自分で手作りしたものを。

働く女性に限らず、今は多くの人が時間に追われている時代ですから、かつてのように一家の食べるものをすべて主婦が手作りするというのは、なかなか難しいものです。

けれども、どんなに忙しい時期であっても、子どものおやつは、なるべく手作りしたいと思ってきました。

スナック菓子などの子どものおやつは、保存料はもちろん、子どもの目を引くような着色料や発色剤、甘味料や香料などの食品添加物が含まれていることが多くて、それが体によいはずがないように思えます。多くの添加物を無自覚にとってしまった十年間を後悔するなら、たとえ忙しくても、ちょっとした手作りの時間を捻出して、いろんなアイデアを逆に楽しめればいいですよね。

もしかしたら大切なのは、完璧にすることをめざす必要はない、ということなのかもしれません。やりきれず投げ出してしまったり、あるところまではやったけれど、「もう二度とやれない！」となるよりは、完璧でなくても長く続けることが日々の暮らしの中では大切です。ときには失敗も必要です。

私も子どもが小さい頃には、カスタードプリンやアップルパイなど、いろんなおやつを作っていました。土曜日はとくに「二種類が食べられる日」と決めて、スポンジケーキ系、パイ系、バターケーキ系、フルーツゼリー系など、なるべくタイプの違うお菓子どうしを組み合わせて家族で楽しんだものです。デコレーションしたケーキは、お誕生会のときなどハレの日に作ることにして、「おめでとう」の気持ちを表したりしました。

特別な日のケーキは別にして、ふだんのおやつは食事の支度の合間にできてしまうようなシンプルでラフなものばかり。好きな音楽をかけたりしながら、気楽に作っていたのです。

それだけくり返し作っていると、いつかしらよい知恵が生まれてきて、ますますお菓子作りは特別なことでなくなってきました。ひとり暮らしをしている今にいたっても、おやつやデザートを作ることはそれほどハードルの高いことではありません。

たとえば、旬の時季のりんご。箱でいただくことがみなさんのお宅でもあるでしょう。もちろん生でいただくのがいちばんおいしいのでしょうが、飽きてくると、古くならないうちにレモンと砂糖で煮て冷凍保存します。

この場合は、ジャムのようにしっかり煮つめなくてもいいのです。いわゆる「煮りんご」の状態で手を止めます。シナモンなども加えません。冷めるのを待って、小分けにして冷凍しておくと、必要なときにさっと取り出して、アップルパイの中身にしたり、ヨーグルトにトッピングしたり、さらに煮つめてジャムを完成させたりと使い回します。

こうしたストックがあると、一見手が込んだおやつにも、気軽に取りかかれます。

そういえば、「タルトタタン」（→ photo p.128）は紅玉りんごだけではなく手に入りやすいふじりんごで作るとしっかりりんごの味を楽しめます。たっぷりのレモン汁をかけて酸味を加え、鉄製のフライパンを用いてオーブンで焼きます。

おやつ作りにそんなに打ち込めたのは、手作りのお菓子を口にするときの子どもたちのキラキラした表情があったからなんだなと、今ごろになってつくづく思います。

りんごの簡単キャラメル煮

［材料］ 4人分
りんご（紅玉）… 2個
グラニュー糖… 大さじ5〜6
バター… 40g
シナモンスティック（またはパウダー）… 1本
レモン… 1個

1 りんごはよく洗い、皮ごと1個を8等分にして芯を除き、レモン汁をしぼったボウルにシナモンも加えてつけておく。

2 厚手の深鍋（直径18〜20㎝）を弱火にかけてバターをとかし、グラニュー糖を加えて全体がキャラメル状になるまで煮立てる。

3 **2**の鍋に**1**のりんごを加えて3〜4分煮る。好みでホイップした生クリームをかけても。

ふじりんごのタルトタタン　photo p.128

［材料］直径18㎝のフライパンまたはパイ皿分
りんご（ふじ）…大3個
A｛レモン汁…大さじ4　グラニュー糖…大さじ6｝
タイム…7～8本
グラニュー糖…大さじ5～6
バター…50g
パイ生地（22㎝角）…1枚

1 りんごは皮をごく薄くむき、縦に4等分して芯をのぞき、1.5㎝厚さに切る。
2 ボウルに**1**のりんごとAを入れて混ぜ合わせ1～2時間おいて汁けを充分に出す。
3 平鍋に**2**のりんごを平らに並べて汁を少し加え、弱めの中火で透き通るまで煮て、バットにセットしたざるに上げておく。全部を順次煮ていく。
4 直径18㎝のフライパン（本体も柄も金属性のもの）に、**3**の煮汁とグラニュー糖を平均にふりまくようにして入れて火にかけ、濃いカラメル色になるまで火を入れる。
5 **4**のカラメルにバターを加えてとかし、火を止める。タイムをちぎって散らし、ざるに上げた**3**の煮りんごのすべてをぎっしりと詰める。その上にパイ生地をかぶせ、はみ出した部分は中に折り込む。

6　180度のオーブンの中段に入れ、45～50分焼く。
7　焼き上がったら、すぐにフライパンに皿をかぶせて返す。好みで、メープルシュガー少々を加えた半立ての生クリームを添えて供する。

＊パイ生地は自分で作ったものがもちろんいちばんよいが、シート状やロール状になった冷凍のパイ生地が大きさも各種出ている。選ぶときは、フレッシュバターの入ったものにするとおいしさが違う。冷蔵庫で、あるいは室温で半解凍にして使うのがコツ。完全に解凍してしまうと、バターがとけて作業しにくくなる。
＊シソ科の香草であるタイムは、清涼な香りとかすかなほろ苦さが特徴。肉や魚の臭み消しによく使われるが、いろいろな食材と合い、長い時間加熱しても香りが飛ばないので、オーブン料理にもよく用いられる。タイムはこのタルトタタンにもよく合い、ひと味アップさせてくれる。
＊残ったパイ生地はまとめて冷凍しておけば、手軽にシュガーパイなども楽しめる。扱いやすくした生地をラップで包み直し、４㎜の厚みにのばす。別のラップの上にパイ生地の大きさに合わせてグラニュー糖をふり、その上にパイ生地をおいて、まんべんなく砂糖をまぶしつける。パイ生地を適当な大きさに切って、グラニュー糖のついた側を上にして天板に並べ、竹串などで穴をあけ、230度のオーブンで10～15分、おいしそうな焼き色がつくまで焼く。

50

コリッ、パリッ、シコッ……歯ごたえのあるものが好き。そのために歯の健康も大切にしています。

スーパーの納豆売り場では、小粒でやわらかいものやひき割り納豆などが人気です。大粒の納豆で、豆の粒を実感できるような歯ごたえの納豆をおいしく感じる私にはわかりませんが、ともかく時代は「やわらかく」「食べやすい」が主流のようです。煎餅《せんべい》なども、パリッと音がするようなかたいものが好きですが、流行っているのは濡れているような、嚙むとフワッとやわらかいもの。どうしてそんなふうになってしまったのかしら……。

日本人の顔が卵形になって、昔のように角張ったベース形の顔の人にお目にかかることが少なくなりました。これも嚙むことが少なくなったことと関連するのでしょうか。たしかにそのおかげで今の人はみんなとてもきれいになりましたが、嚙むということと脳は密接にかかわっているそうで、あまり嚙むことを怠ると頭が悪くなるのだそうですよ。大変です！

わが家ではよく乾燥豆をゆでて料理やデザートに使いますが、それもコリッとした歯ごたえを残してゆでるように気をつけます。私はしっかり嚙むことが好きです。おいしい昆布をそのまま嚙んでいると口の中でだんだんやわらかくなっていきます。うまみが口の中に広がるのを楽しめます。またカチンカチンに干した煮干しの黒いはらわたの部分だけ指で除き、ピッと二つに裂き、骨のついた片方はおだしに入れ、もう一方は思わず嚙んでいることもあります。食べておいしいと思える煮干しであればおいしいだしがとれるので、それは確認のためなのですが、味わい深いものです。

そういえば、私の好きな玄米も白米に比べると嚙みごたえのあるご飯です。病弱だった兄を気づかった母には食養生の考えがあり、玄米を炊いていました。玄米は私にとっては、親しみのあるごはんだったのです。わが家では料理や気分に合わせて、白米にしたり玄米にしたりしていますが、玄米と豆のご飯の日というのもあります。嚙むほどに味が出る豆料理ですが、玄米に豆を入れるとなおさら嚙むことに……。

ひと口で三十回以上嚙んで飲み込むようにといわれていますが、白米は嚙んでいるうちになくなってしまいます。反対に、炒り大豆などのようにかたいものは、無意識このような「思わず嚙む料理」がいいと思います。そういうものですとちょっとの量でお腹いっぱいになります。炒り豆入りのご飯は、白米だけのご飯の半分の量で充分です。

そんなわけで、わが家の食卓には、しっかり嚙むものが必ず並びます。たくあんとか白うりの漬け物などは、「パリパリ、ポリポリ！」という響きも小気味よく、音からおいしさを感じたりするものです。

しかし嚙むためには、健康な歯を持っていることが大切です。歯がいたんでいたり、嚙み合わせが悪かったりすると上手に嚙めません。じつは私も嚙み合わせが悪くて、歯科医に「嚙み合わせは、とても大事ですよ」と諭されました。ちゃんと治療していただいたら、体調もよくなったのはもちろん、嚙むことが楽しくなり、今度は先生から「顔が変わりましたね」といわれました。当然のことですが、食べるために歯はとても大事なのですね。

51

外見だけでなく体の中もきれいにしてスローエイジングをめざしたい。

紀元前の中国で権力を欲しいままにした秦の始皇帝のように、絶大な権力を手に入れた人はたいてい、次に不老不死にあこがれるようです。

その気持ちもわからないではありませんが、生きている以上は人間の体は酸化して、歳をとりますし、かといって酸素のないところでは生きていけませんし、どうして歳をとることにそんなに抗《あらが》おうとするのでしょうか。

人間は本来そのようにできているのですから、あまり歳をとることを怖がらなくてもいいのではないでしょうか。このようにいっている私自身も、五十代の頃には歳をとることをなんとかしなければならないと切実に思ったものです。けれどもその時期がすぎると肝がすわったのでしょうか、歳をとって当たり前だわ、というような気持ちに自然となっていきました。

年齢をとやかく思うよりも毎日を元気で楽しく、人ともその楽しさを分かち合って生きることを望んだほうがよいと思いますし、その中にこそ、きっと若さを保つ秘訣があるのだと思えます。

もし自分だけ不老長寿になっても、きっと楽しくないと思うのです。第一、人間が死ななくなったなら、もっと大変でしょう。ですから私は歳をとらないアンチエイジングを望むというより、楽しく生きて、ゆっくりと歳をとっていく、スローエイジングをめざしたいと思います。

そのためには、なんといっても体の中にごみを溜めないこと。体の中をきれいにする根菜とか豆類、海藻など繊維質たっぷりの食品をとって、毎朝、腸の状態を整えます。

毎日、朝と夜に体重を計り、過不足は一キロ以内で元に戻すように心がけ、夜はちょっと増えていても、朝になってちゃんと減っていればスキッとします。

体の中に残った老廃物は、病気のもと、老化のもとであり、頭の回転も悪くします。頭がすっきりしないといいアイデアも浮ばず、行動力も鈍りがちに。体の中に極力毒を溜めず、いつもきれいに循環させるように気をつけています。

そして日々の暮らしの中で、明日のことを心配せずに、今できることを一〇〇パーセントやる——私にとって生きるということは、その連続です。

解説　中身のつまったおいしさ

高橋みどり

あれは何年前だったのだろう。有元さんの撮影に少し早めに着いてしまい、車を停めて頃合いをみはからっていました。ちょうど春先の気持ちのいい朝だったと思います。どこからか軽やかなピアノの音が聴こえてきました。ぽかぽかとした陽射しの中で、なんとも心が穏やかになるひとときとなりました。さて時間になり先生のお宅に伺い準備をしながら、さきほどのピアノの音のお話をしたところ、それは有元さんが弾いていらしたとわかり飛び上がりました。なにやら煮物を作っている間に弾いていらしたのだそうです。じんわりと心にくるものがありました。その春の朝の記憶は、それからずっと有元さんの余韻として私の頭のなかにあるのです。

仕事に臨む朝、撮影スタッフが集合すると温かいほうじ茶が出されます。まずはここでスタッフの足並みが揃います。撮影が始まる前の台所はすでに準備万端、今か今かと整った材料がきちんと並んでいます。この準備でさえ美しい様は、とても気持ちがいい。こちらもがんばりますよ！という気持ちになります。撮影が始まれば、それぞれが自分の仕事に集中しますが、料理撮影は器に料理が盛られて、おいしい瞬間をカメラに収めるという連携プレーです。まずは器、そして料理、カメラという順番。自分の差し出した器にどう料理が盛られてくるかを待っていると、「おっ、今日はこうきたか」とうれしい想定外の盛りつけの一品が現れる、どんな器を持っていこうと有元流の盛りつけは悠々と美しく仕上がってくるのです。それにまた刺激を受けたカメラマンが、瞬く間においしい一瞬を切り取っていく。このドキドキワクワクが私たちの仕事の醍醐味です。時に料理の作られている様をじっとみていると、それは長年の経験値からくるものなのでしょうが、準備された材料がどんどん組み立てられて気持ちのいいリズムで仕上がります。いつも思うことですが、料理はその出来上がるプロセスがとても魅力的。使いやすい的確な道具が用いられる、場合によっては手が道具となり「レモンは、たこの頭をくるっとひっくり返すようにして皮ごとギュッと果汁を絞りきるの」とにっこり笑って、無駄なく材料を使いきる様はとても男前です。「ローズマリーの枝は、束ねてオリーブオイルに浸けながらこうしてパッパッと魚になでつけて振るようにすると、いい香りも一緒にオイルも塗れるでしょ」と、思わずすぐに真似したくなる楽しい料理術は、とても軽やかなのだ。そうして香りのいいオイルを塗られた魚はフライパンに。勢いよく肉たたきの道具でつぶされたにんにくと半割のプチトマトとともにジューッと焼く。たちまちおいしい一品が出来上がる。いつものことだが気がつけばもう、あと一品で撮影は終了。途中、おいしいうちが一番だからと、撮影が終った一品をその場で食べながらの時間もあるというのにリズムは狂わない。むしろこの撮影が終らないでと思うくらいに、心地いい時間が続くのです。撮影終了時にはすでにあらかた台所まわりは片付けも終っていて、それでも先生の手は動いている、キュッキュッとレンジまわりを拭く、冷蔵庫のなかのもの、今日の材料の残り、料理の残りをコンパクトにまとめ分配する。今日の仕事の残骸は明日へは残さずきちんと終る。そういえば印象に残っているのは、そうして終ることの印に、アシスタントの方も私たち撮影スタッフとほぼ同時にこの仕事場を去るというかたち。その後のプライベートの時間をしっかり確立されている生き方に、人生の先輩としての尊敬とあこがれが、初めてお会いしたときから確実に大きく膨らんでいます。

お仕事をご一緒してから二五年は優に超えていると思います。スタイリストという仕事は、ある意味役得だなあ……と思います。「おいしい料理の作り手は、人間もやはりおいしい」は、今に至っての私の持論です。中身がちゃんと詰まっているんです。ただおいしいものを作る才能があるだけではなくて、その人の生きてきた形が味となる。だから似たように見えても、それぞれがまた違う味となるからおもしろい。職権乱用、仕事上いろいろな料理の作り手を俯瞰しながら、都合良くおいしいとこ取りをしている私です。おいしい料理の作り手はほんとうに魅力的。いつしか刺激を受けたことを見習っているうちに、自分のものになっていることも多々あります。料理にしても、さも自分の味と思いきや元を考えてみると、これ有元先生のものだったということがかなりあります。幾度となく読み返す『ちゃんと食べてる?』は、読む度に「ちゃんと生きてる?」と問われているように感じ、料理を追う目はいつしか生きていく姿勢を学んでいるようです。本文中には、いくつもハッとすることばがありますが、特に印象的なことばとして。

「今できることをやる」ことが、とても大切だと思います。そしていちばん優先するのは、「今を充実して生きること」だと思います。極端な言い方をすれば、今を充実させて生きられるなら、その先が長いか短いかは天の采配であり、自分では決められないことだからです。

今、自分ができることを最大限に頑張って、それをできる限り続けていくことに関心がありますし、それをより楽しみながらできたらベストです。

読み終えるといつも、不思議とお腹の底からエネルギーと勇気が湧いてくる、食べることは生きることなのだと自覚する本でもあるのです。

この作品は、二〇一二年十一月二十日、筑摩書房より刊行された。

ちくま文庫

ちゃんと食《た》べてる？ おいしさへの51の知恵《ちえ》

二〇一五年五月十日 第一刷発行

著 者 有元葉子（ありもと・ようこ）

発行者 熊沢敏之

発行所 株式会社 筑摩書房
東京都台東区蔵前二―五―三 〒一一一―八七五五
振替〇〇一六〇―八―四一二三

装幀者 安野光雅
印刷所 凸版印刷株式会社
製本所 凸版印刷株式会社

乱丁・落丁本の場合は、左記宛にご送付下さい。
送料小社負担でお取り替えいたします。
ご注文・お問い合わせも左記へお願いします。
筑摩書房サービスセンター
埼玉県さいたま市北区櫛引町二―六〇四 〒三三一―八五〇七
電話番号 〇四八―六五一―〇〇五三

ISBN978-4-480-43255-1 C0195